ルートウィヒ=
ウィトゲンシュタイン

ウィトゲンシュタイン

●人と思想

岡田 雅勝 著

76

CenturyBooks 清水書院

ウィトゲンシュタインについて

数年前のことであった。その日は偶然にも私の誕生日であった。その時期に私はこの著述のためにウィトゲンシュタイン紀行を続け、その紀行も終わりに近づいていた。私はウィトゲンシュタインの生地ウィーンから始まり、ウィトゲンシュタインの思い出の地を訪ね、途中ウィトゲンシュタイン学会に出席し、最後にケンブリッジを訪れた。その間およそ四〇日間であった。ケンブリッジ訪問の目的は、何よりも彼が眠るセント・ジャイルズ・セミトリ（共同墓地）の墓参にあった。ホテルをとると私は直ちにウィトゲンシュタインの墓へと向かった。

「片方がプラタナスの並木で、もう一方がヒバの並木が立ち並ぶ小路を通り、私はウィトゲンシュタインの墓が横たわっている墓地へと歩みを進めた。およそ二メートルの幅のアスファルト舗装の小路を静かに踏みながら、私は辺りを見回した。とき折り落葉が空に舞い、秋の気配を感じさせた。雨上がりの灰色の西空に日の光が淡く輝き、あたかも私を招いているようであった。名も知らない小鳥がさえずり、緑の雑草に混じってマーガレットの白い花が小路の両側一面に咲き乱れていた。私はウィトゲンシュタインのこと、私のそれまでの紀行のことを想いながら、彼の墓へ向かってゆっくりと小路を歩んだ。蔦《つた》が一面に生い茂っている垣根を通り抜け、五〇メートルも歩むと墓守の家が立っていた。墓守のおばさんに挨拶をし、ウィトゲンシュタインの墓参のことを伝えた。彼女は私に彼の墓を案内してくれるとのことであった。私は断った。自分で探してみたかった。一本の小径を歩んでいくと途中に彼と親交のあった若くして亡くなった数学者ラムゼイの墓があった。その近くに彼の良き先輩であり、友人であった哲学者ムーアの墓があった。『ジョージ＝エドワード＝ムーア（一八七三〜一九五六）。フェローーオブートリニティーカレジ』及び夫人ドロシー（一八九二〜一九七七）と銘された大理石の小さな墓石が大きなプラタナスの樹の下にあった。そこからイチイの木立を通って中央に進むと、『Ludwig Wittgenstein 1889–1951』とだけ刻まれている長方形の石棺がひっそりと土の中に横たわっていた。何という簡素な石棺であろうか。私はこの墓を前にしてウィトゲンシュタインの静かな眠りに祈りを捧げた」。

私は自分の印象を忘れないために、この小さな墓地の一隅にあるベンチに腰を下ろし、以上のことをメモした。あのときから他の仕事や雑事に追われたが、その間この執筆のことが念頭から離れなかった。私にとってウィトゲンシュタインの存在は大きく、彼の思想から計り知れない影響を受けた。それにしても私は今なお入門の域を出ないままでいる。時間をかけ、多くの本を読むことによっても、ウィトゲンシュタインがより良く理解されるわけではないと考えるようになった。このセンチュリーーブックス発刊の目的が、「人間形成期にある学生・生徒の諸君、職場にある若い世代に精神の糧を提供し、この責任の一端を果たしたい」ということで、読者の皆さんと共にウィトゲンシュタイン及び彼の思想について考えようと、未熟なことを顧みず敢えて執筆することを決意した。他の偉大な思想と同じく、ウィトゲンシュタインの思想の大きさは、人類が積み重ねてきた知的遺産を継承しながら、ウィトゲンシュタインという個性的な人間によって、人間の普遍的条件が新たな装いをもって表現されているということにあろう。私が彼に最初魅せられたのは「言語の問題」であった。それまで私が触れたどの書よりも、彼の著述には言語の問題が人間的な生の営みにおいて基礎づけられていた。彼は哲学の問題を言葉の用法を展望することにみた。そのことによって、彼は言語の問題が人間の生そのものの問題であることを教えてくれた。彼の思索は、厳密で用意周到であり、その根は深い。彼は自分の思索を表現するにあたり、言葉を推敲《すいこう》し簡潔に表現しようとした。それだけ、一層一つ一つの言葉にはその重みと深さが表明されている。彼は本来何をするにしても熱中した。彼が最も熱中したのはあくことなき真理の探求であり、生とは何かの追求であった。真理は彼にとって科学的な知識ではなかった。真理とは、生の意味であり、生の真実である。したがって真理の探求とは彼にとって究極的に生の価値とは何かを探求することを意味する。その意味で彼は、人生とは何かを、真理とは何かを求めようとする若い読者に大いなる刺激を与えてくれるものと確信する。この小著はウィトゲンシュタインの人間像及び思想の紹介をとおして、ウィトゲンシュタインが求めた生の真実とは何かを問うことを狙いとしている。

目次

ウィトゲンシュタイン関係地図

I

世紀末ウィーン

——ウィトゲンシュタインの思想的基盤

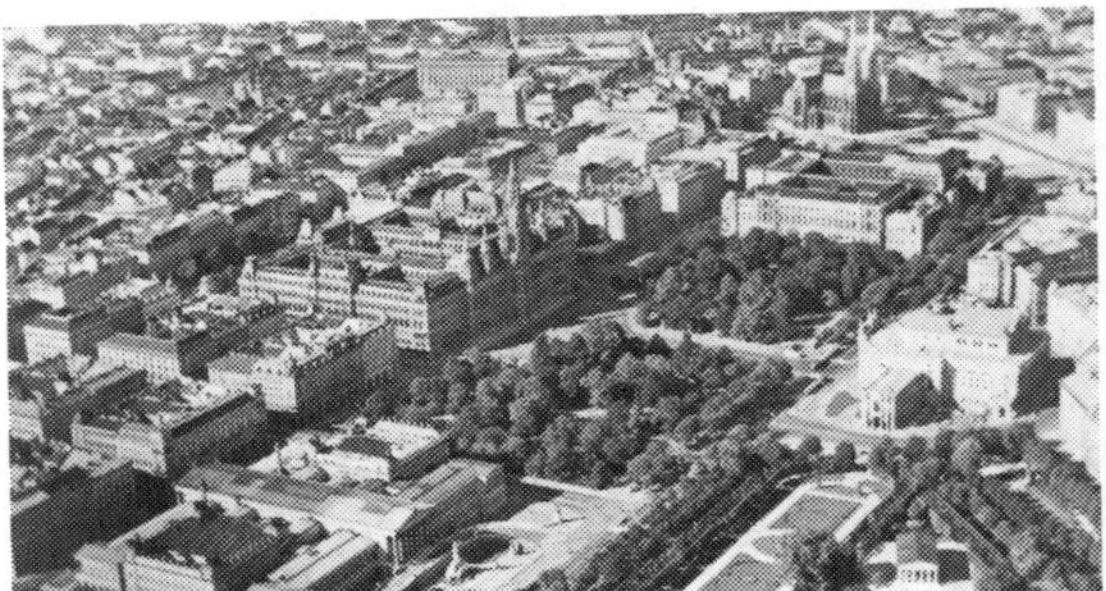

ウィーンの街　　リンクシュトラーセ

ウィーンとウィトゲンシュタイン

ウィトゲンシュタイン家の人々　ルートウィヒ＝ウィトゲンシュタイン（Ludwig Josef Johann Wittgenstein）は一八八九年四月二六日ウィーンに生まれた。一九世紀の半ばに祖父ヘルマン＝ウィトゲンシュタイン（一八〇三～七八）がドイツのザクセンから一家を率いてウィーンに移住して以来、ウィーンがウィトゲンシュタイン家の居住の地となった。ウィトゲンシュタイン家の人々はユダヤの血筋を受け継いでいる。祖父ヘルマンはユダヤ教からプロテスタントに改宗し、父カール（一八四七～一九一三）も同じくプロテスタントであった。母レオポルディーネはユーゴのシリー出身で裕福なシュタルナー家の出で、ローマ-カトリックの信者であった。子供たちは皆カトリックの洗礼を受けた。ルートウィヒは五人の兄弟、三人の姉妹のうち最年少であった。ウィトゲンシュタイン家は祖父の代から富裕であったが、父カールは専門技術者であり、実業家として剛腕をふるい、オーストリア鉄鋼業界の中心人物として活躍しドイツのクルッペ、アメリカのカーネギーに匹敵する大財閥となった。

祖父ヘルマンは大変に厳格で、頑固であって、自分の見解を家族のものに押し付け、家庭で絶対的権威をふるった。父カールもヘルマンの気質を受け継ぎ、同じく妥協を許さない性格で、二人の間には衝突が絶えなかった。カールはヘルマンから逃れるためにアメリカへと単身渡り、そこでさまざまな経験をした。ボーイ、バーテン、夜警、孤児院や宗教団体の仕事、学校の教師などもした。やがてヘルマンが折れてカールは帰国した。それから二〇年の間にカールはウィーンの実業界で頭角をあらわして成功し、彼の天賦の才能もあって、技術畑の専門技術をいかんなく利用した、近代的な生産手段をもって、産業を合理化し、遂にオーストリアの鉄鋼業界を支配するようになった。彼の成功は自分の仕事に対する異常なほどの熱中にあり、厳格なプロテスタント倫理に支えられていた。カールの徹底的で、急進的な実践力は、ウィーンの人々の驚異の的であったが、また他方中傷や批評の的ともなった。「大胆きわまる相場師」、「鉄を喰う野獣」（「ディーファッケル」）という当時の批評があるが、それはカールの力量を的確についた評価である。

父カール＝ウィトゲンシュタイン

カールはウィーンの日刊紙「ノイエ-フライエ-プレッセ」に執筆し、広い展望と優れた判断力を有する経済学者としての力量を示した。その執筆内容は自らの体験に基づいており、経済界において予想される全ての長期の変化を見通したものであった。もし彼がウィーンではなく、ドイツに住んでいたら、ビスマルク首相は彼を見逃さず国家経済の要職につけたことであろうと語られている人物であった。

芸術家のサロン

ウィトゲンシュタイン家の音楽愛好は祖父ヘルマンに溯る。カールは音楽を愛し、ヴァイオリンを弾き、旅行にもヴァイオリンを携帯したほどの音楽愛好者であった。ヘルマンは慈善事業として音楽家たちのパトロンになった。ルートウィヒの母レオポルディーネはピアニストであり、カールとは音楽会で知り会い、結ばれた仲であった。ルートウィヒの兄、姉たちも豊かな楽才を示した。幼少の頃から兄、姉たちも楽器を弾きこなし、音楽での豊かな天分を発揮した。ただ音楽家として生涯を送ったのはすぐ上の兄パウルだけであった。彼は第一次世界大戦で右腕を失ったにもかかわらず、ピアニストとして大成し、名声をはせた。シュトラウス、ラヴェル、プロコフィエフがパウルのために作曲した。姉たちも同様に音楽を愛好したが、長姉ヘルミーネは絵画にその非凡な才能を発揮し、画家クリムトに熱中し師事した。当時のウィーンではクリムト(一八六二～一九一八)を代表とするウィーンの若い芸術家たちは従来の芸術様式に反対し分離派運動を展開していた。彼らの主張は、過去の形式を模倣することを目標とした時代は過ぎ去って、「時代に相応《ふさわ》しい芸術、芸術にはその本来の自由を」というのであった。ヘルミーネはクリムトに傾倒し、父カールを説得し、分離派の活動資金の調達に力を尽くした。クリムトによって描かれた姉マルガレーテの肖像画が現在ミュンヘンの美術館に展示され、その優雅な姿は人々の注目をあびている。マルガレーテは三人の姉妹のうちで家庭のしきたりに反抗した、才気煥発《かんぱつ》な女性であった。例えば家庭内での読書といえばラテン語やドイツ語で書かれた古典書しか認められていなかったが、彼女は当時としては最も衝動的でモダニズムを主張するイプセンに傾倒し、ショーペンハウアー、キェルケゴールなどの哲学書を読んだ。またフロイトの親友であったし、ワイニンガーの作品を読んでいた。彼女はルートウィヒに最も影響を与えた一人であった。

一八九〇年ルートウィヒの誕生の翌年、父カールは「パレー=ウィトゲンシュタイン」と呼ばれるようになった大邸宅を買った。この邸宅とウィトゲンシュタイン家の別荘地ホッホライト（低オーストリアのホーヘンベルクの近郊にある）にウィーンの多くの芸術家たちが出入りし、ブラームス、マーラー、カザルスらの音楽家やクリムトを始めとする分離派の芸術家たちなどとの親しい交際があって、ウィトゲンシュタイン家はウィーンの芸術家たちのサロンとなっていた。

ヨハン=シュトラウスの像

ハプスブルク朝のウィーン　ルートウィヒが誕生した当時のウィーンはハプスブルク朝、オーストリアーハンガリー帝国の首都であった。ルートウィヒとほぼ同時期のウィーンに育った作家シュテファン＝ツヴァイク(一八八一～一九四二)は、『昨日の世界』で当時のウィーンを詳しく描いている。ツヴァイクによれば、当時のウィーンは文化的なものへの限りない情熱をもった音楽、芸術の都として、しかもヨーロッパのあらゆる文化の流れが合流し、新しい独自なオーストリア的なもの、ウィーン的なものへ調和し、融合したコスモポリタン都市であった。この都市はヨーロッパの大都市ロンドンとかパリとは異なり、自然と都市とが互いに融け合って発展した。「何百年の歳月でゆっくりと成長し、内側の輪から有機的に発展し、この都市は森の都、音楽の都として大都市の持つあらゆる豪華さ、あらゆる多様性に適《ふさ》わしいだけの二百万という人口を抱えるに至った。しかし自然から切り離されるほどには超大規模ではなかった。何処で自然が始まり、何処で都市が始まるのかがほとんど分からないぐらい両者は互いに融け合っていた」。この自然と融合した都市ウィーンは、また「享楽の都市」でもあった。

世紀末のウィーンの情景を当時のウィーンの作家たちはさまざまな筆致で描いている。例えばローベルト＝ムージル(一八八〇～一九四二)は当時のハプスブルク朝のウィーンをカカニア的社会として捉え、『特性のない男』でワルツに魅せられて街々に溢れるウィーンの人々を描き、みなぎる陽気さと情熱に魅せられ、「おお、ウィーン、夢の都、ウィーンに優るところなし」と語り、ウィーンの

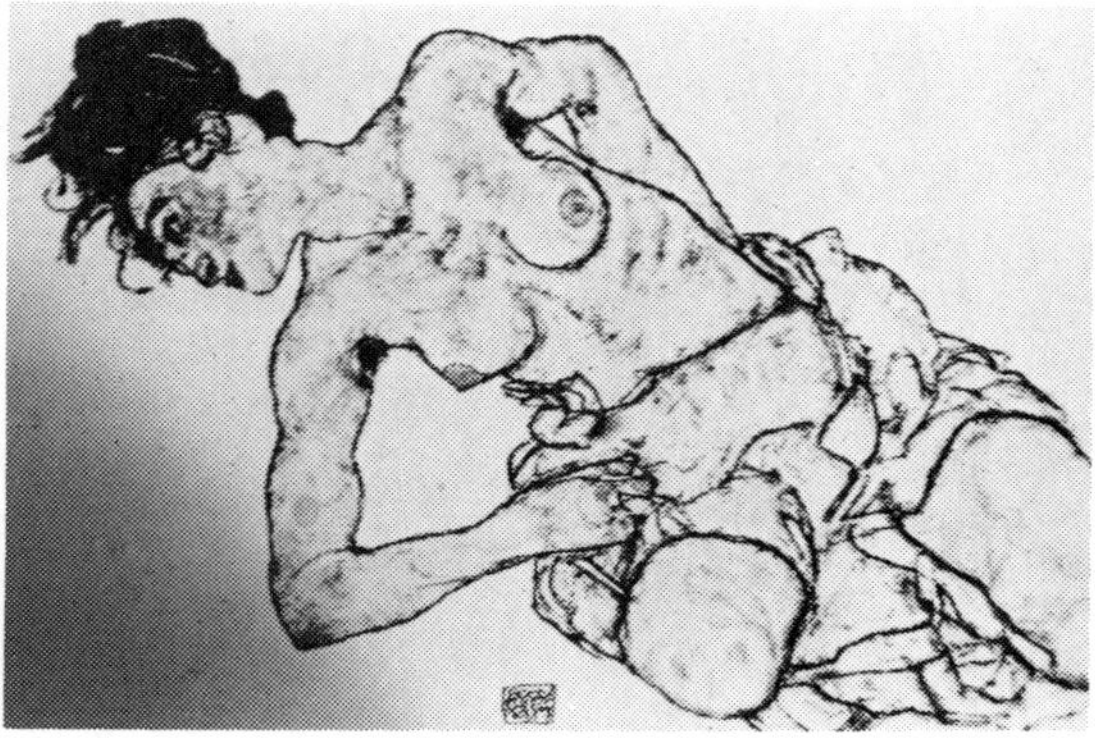

エゴン＝シーレの絵

情景を描いている。だがこの独白に耽美《たんび》主義が潜み、いい知れぬ憂愁がすでに潜んでいた。ツヴァイクの言う「享楽の都市」とはムージルの描く黄昏《たそがれ》のウィーンに象徴的に描かれている。アルトゥール＝シュニッツラー（一八六二～一九三一）の『輪舞』はウィーンの社会の各層のスペクタクル全体を独特の筆致で描き、ウィーンの社会生活の原動力となっているものを快楽に求める死の輪舞として、そこに生きる人たちの有様をヴィヴィッドに描いている。カカニア的ウィーンでは、人々は音楽に、演劇に、踊りに夢を追っていた。そうしたウィーンの享楽の生活に潜む暗い影、偽善的で、退廃的なものに、ウィーンに群がった芸術家たちは敏感に反応した。カール＝クラウス（一八七四～一九三六）は戯曲や評論をとおし、その偽善を暴いた。オットー＝ワイニンガー（一八八〇～一九〇四）は『性と性格』を著し、セックスを公けに論じたが、その背景となっているのはウィーンの人々の偽善的な性生活である。画家エゴン＝シーレ（一八九〇～一九一八）の裸体像にはウィーンの人々の退廃的な内面が的確に描かれている。シーレは「ここは何て忌《い》まわしいのだろう……ウィーンには暗い影があり、街はどす黒く、万事がメカニカルに行われる」と述べている。このようにしてハプスブルク朝のウィーンは、華やかではあったが、落日に映えていて、夕闇の暗い影が忍び寄っていた。

ウィーンのユダヤ人

ところで世紀末ウィーンの文化を担ったのは、ウィーンのユダヤ人であった。自らもユダヤ人であったツヴァイクは「世界が一九世紀のウィーンの文化として讃えるものの十分の九はウィーンのユダヤ人によって奨励され、養われ、さらに自己創造された文化であった」と書いている。一般にユダヤ人の歴史はディアスポラ（離散）と迫害のそれであったにもかかわらず、何故ウィーンにおいてユダヤ人たちは自己創造的に活動することができたのか。ツヴァイクは、ウィーンという環境がユダヤ人が本来的に持っていた特性を充分に発揮できる環境であって、ウィーンでは彼らはただたんに外面的に身分が保証されていただけではなく、内面の奥深くで絶えず求めていた精神的なもの及び審美的なものの価値への探求の本能が満たされた、とその理由を述べている。彼は、「ウィーンのユダヤ人が芸術的に創造的となった。特殊なユダヤ的な方法ではなく、オーストリア的なものやウィーン的なものに最も強烈な表現を与えることによってである。創造音楽に、ワルツとオペレッタの伝統に新しい開花を、ウィーン文学にヨーロッパ的な地位を与え、また世界に対して演劇都市としての名声を新たにし、ウィーン大学では学者たちが諸学問に偉大な貢献をし――至る所で、学者、画家、演劇家、建築家、ジャーナリストとして彼らはウィーンの精神生活において最高の位置を占めた」と語っている。

ルートウィヒの生いたち

兄たちの自殺

ルートウィヒ＝ウィトゲンシュタインの思想及び人間像はこうした世紀末ウィーンの状況から理解する必要がある。ルートウィヒの父カールについてはすでに紹介したが、家庭にあってカールは子供たちには質素で、厳しい教育をした。彼は一家の長として近寄り難い父親としての権威を子供たちにふるい、ギムナージウムには行かせず、家庭教師をつけ、自分の仕事を受け継がせるように努めた。だが子供たちは父親の意志に反して、彼の後継者になるよりはむしろ音楽や芸術に関心を向けた。カールは子供たちに彼の実業を継ぐことを強要した。カールにとって仕事と芸術との両立は可能であったに違いない。しかし子供たちは実業家になるよりは音楽家、芸術家を志望した。とうとうカールは跡目を継がせるために長子ハンスに家で楽器を弾くことを禁じたが、ハンスは父の目を逃れ、楽器を弾くことを止めなかった。

ウィトゲンシュタインを紹介するにあたり、ウィーンの性風俗のこともあげておきたい。シュニッツラーの『輪舞』は、性に耽《ふ》ける様々な人間模様を描き、エロティシズムを社会の原動力として描いている。ツヴァイクが描いたのも同じ背景から理解できる。性の分析に新しい道を開いたフロイトの精神分析もウィーンという街の性風俗が背景になっている。この性風俗はカールの子供たちにも及んでいたことが想像される。詳しくは分からないが、ハンスは同性愛者であったようである。当時は同性愛は道徳的に社会から厳しく非難されていて、その重荷を背負ったのであろうか、原因は不明であるが、父親の跡目のことと絡んで、ハンスは一九〇二年自ら命を断った。それについては「功名心の強い、思いやりに欠けた父とその父の要求から逃れようとした息子の自殺である」という解釈もあることを付け加えておきたい。一九〇四年には次兄ルドルフも同じく原因がはっきりしないまま自殺をしている。

トゥールミンとジャニクの『ウィトゲンシュタインのウィーン』はウィトゲンシュタインの思想を世紀末ウィーンのさまざまな状況から辿り、これまでの現代のアングロ-サクソン哲学のなかで、とりわけフレーゲ、ラッセルらの論理思想の流れや論理実証主義の流れのうちで解釈されてきたウィトゲンシュタインの思想とはまったく異なった立場から解釈をしてウィトゲンシュタイン像に画期的な解釈を与えた書物であるが、彼らは当時のウィーンにおける自殺の傾向について、「ハプスブルク帝国の国家的、民族的、社会的、外交的そして性的諸問題が深刻であったことは帝国における自殺率によって示される。自らの手で命を断った著名なオーストリア人のリストを作成すれば、事実長くなり、際立っている」と述べ、自殺者の名前をあげる。「統計熱力学の父ルートウィヒ=ボルツマン、少なからぬ音楽の才能を持っていた作曲家マーラーの兄弟オットー=マーラー、ドイツ語の作品でほとんど追随を許さない才能の持ち主であった抒情詩人ゲオルク゠トラクール、『性と性格』で有名な裁判事件を引き起こし、ベートーヴェンが死んだ家でその数か月後自殺したオットー゠ワイニンガー、……」。それに彼が挙げるリストにはウィトゲンシュタインの兄たちが含まれる。長兄ハンスの自殺はルートウィヒ一三歳誕生日の直前であった。「私の人生はもともと非常に幸せであった！それが呪われて不幸になるまでは」と後に告白しているように、この時以来ルートウィヒは死への、とりわけ自殺の想いが「ダモクレスの剣」のように彼の脳裏につきつけられることになった。

「見知らぬ国から突然に」

幼かったルートウィヒの姿を伝える記録はほとんどない。「幼少の頃、ルートウィヒはまったく目立たず天賦の才能に恵まれた姉たちの蔭にすっかり隠されている。彼は器械類を玩具としたり、マッチ棒で何針かが縫えるミシンを作ったりしたが、しかしこれと言って特別な才能を示したわけではない」（ヒュブナー、ブフタール『ルートウィヒ・ウィトゲンシュタイン』、以下ヒュブナーとする）。姉や兄たちが音楽の才能を幼少のころから発揮しているのに比べ、ルートウィヒが幼年期に何らかの楽器を習ったという記録はない。彼がクラリネットを吹くのは三〇歳の頃である。しかしルートウィヒも幼い時から音楽への関心を示し、素質も

少年時代のルートウィヒ

あったことは疑う余地がない。彼の哲学的思索には音楽が欠かせない。そのことは彼の著述から、また多くの人が語るエピソードからもうかがえる。

ルートウィヒは家庭教師に学び、ギムナージウムには行かなかった。一九〇三年の秋にウィーンを離れてリンツのレアールシューレ(実科学校)に入学した。一四歳であった。リンツの学校に入った理由は父カールの意向によるが、ウィーンのギムナージウムに通うのには古典語の素養に欠けていたことなどがあげられる。彼と同年に生まれたアドルフ=ヒトラーもこのリンツの学校で学んだ。ただルートウィヒとは入れ違いとなり、在学期が同じではなかった。ルートウィヒはそれまで家庭での生活しか送ったことがなかった。彼は親元を初めて離れ、初めての学校生活で級友たちとなじめなかった。姉ヘルミーネによれば「ルートウィヒは級友から見ればまるで見知らぬ国から突然に舞い込んできたように思われたのです。ルートウィヒは彼らとはまったく違った生活スタイルをしていたのでした。例えば級友に対してSie(敬称あなたの意味)で語りかけたことだけでも障害となったのです。多分彼らよりも幾らか年上で、彼らよりも成熟していて、特に彼は精神的に異常なほど感受性が強かったのでした」(「弟ルートウィヒ」)。ルートウィヒ自身も他の級友たちと自分が違った世界に住む人間のように感じ、慣れ親しまない学校生活を次第に怠るようになった。その様子がカールのレオポルディーネ宛の書簡に「ルッキー(ルートウィヒのこと)が自堕落な生活をぜひ止めるようにウィーンにすぐに連れてくるべきだ。ルッキーが家庭で学ぶというのなら、それでもいい。彼が来月でも何処か仕事にでも行くのなら、一度はしておくべきで、それもいい……彼が自堕落な生活を止め、寝、食べ、汗をかき、劇場に行くべきだ。ルッキーが私の指図を曲解しないことを望む」と書かれていることから推察される。しかしこのように父カールの指図があったが、ルートウィヒはリンツにとどまり、一九〇六年卒業した。成績はほとんど目立たず、ごく平凡であった。

航空工学の研究

ルートウィヒはウィーン大学のボルツマンの下で物理学を学ぶつもりであったが、ボルツマンの自殺により、断念し、機械工学を学ぶためにベルリンのシャルロッテンブルク工科大学に入学した。ここでの生活はルートウィヒには満足できなかったようで、一九〇八年の春まで学び、それから英国へ渡った。一九〇八年の夏にグロソップの近郊の高層大気観測所で凧《たこ》上げ実験に参加した。同年秋、彼はマンチェスター大学工学部に研究生として登録し、一九一一年の秋まで在籍していた。

この三年間にルートウィヒは航空工学の研究に従事し、ジェット推進プロペラの設計に熱中した。彼のこのアイデアは第二次世界大戦の時のヘリコプターやジェット機にも利用されたとのことである。彼の取り組んだのはプロペラの設計であったが、彼は数学の研究にも打ち込み、彼の関心は始めは純粋数学に、続いて数学基礎論に移っていった。この間ルートウィヒは自分の将来について悩んだが、ついに自分の歩む道を見出した。姉ヘルミーネは「この頃哲学が彼を突然に捉えたのでした。哲学的問題に関する沈思熟考が非常に強烈で、しかも彼の意志に完全に逆らっていたので、彼は二重の相矛盾する内的な使命のもとで非常に悩み、分裂したかのようになったのでした。それが、……彼を襲い、彼の全存在を揺るがした変心の一つでした……ルートウィヒは当時絶えず筆舌に尽くしようがないほど、ほとんど狂的な状態にあったのでした」(前述書)と記しているように、彼は哲学的諸問題に取りつかれ、自分の歩むべき道について激しく、狂的なほど悩んだが、彼は最終的に哲学者として生きようと決意した。

ラッセルとの出会い

ウィトゲンシュタインは、自分が何をなすべきかというあの青春の惑いのただなかにあって関心が数学基礎論へ向けられた時、彼がたまたま数学基礎論の文献を知人に尋ねたところ、バートランド=ラッセルの『数学の原理』(一九〇三年出版)を薦められたのが機縁となって、ラッセルと知り合いとなった。フォン=ウリクトに従えば「この本がウィトゲンシュタインの発展に深く影響を与え、恐らくフレーゲの研究に彼を導いたのは明らかであるようである。フレーゲとラッセルという二人の最も優れた人に代表される〝新しい〟論理学はウィトゲンシュタインが哲学へと至る門となった」(『ウィトゲンシュタイン小伝』、以下『小伝』)。ルートウィヒは無論この時に初めて哲学書を読んだのではない。姉マルガレーテが好んで哲学書を読んでいて、その影響を少年時代から受けていた。ウリクトに従えば「ウィトゲンシュタインは若い頃ショーペンハウアーの『意志と表象としての世界』を読み、彼の最初の哲学はショーペンハウアー的な認識論的観念論であったと語ったことがある。ショーペンハウアーへの関心が論理や数理哲学とどのように関係しているのかは私にはまったく分からないが、ただ彼の以前の観念論的見解を放棄させたのはフレーゲの観念論的実在論であったと自ら話していたのを記憶している」(同)。彼は工学の研究を断念し、自分の計画をフレーゲに相談するために、ドイツのイェーナを訪れた。フレーゲは彼にケンブリッジに行き、ラッセルの下で研究するように薦め、ウィトゲンシュタインはそれに従った。

一九一一年一〇月、彼はケンブリッジに行き、ラッセルに会った。ラッセルはその時の印象を『自叙伝』に次のように語っている。「初対面の時から私は彼が天才なのか変人なのか、よく分からなかったが、すぐ天才であるに違いないと考えた」、「彼と知り合いになったことは、私の生涯において最も刺激的な知的冒険の一つであった……彼の思想はほとんど信じられないほど情熱的で鋭い洞察力を持っていて、私はそれに心から驚嘆した」。ウィトゲンシュタインは翌年の二月に学部の学生として、六月には大学院生として登録された。彼はラッセルの数学基礎論や論理学の講義に出席し、驚くべき速さで理解していった。

ウィトゲンシュタインはラッセルの講義に出席した最初の学期の終わりにラッセルのところにきて、「私が完全なバカ者と思いますか」と質問した。ラッセルが何故そんな質問をするのかと尋ねると、彼は「もしそうならば、私はパイロットになるし、そうでなければ哲学者になるつもりだから」

と答えた。ラッセルはそれに対して休み中に自分の興味のある哲学の問題に関して何か書くように話した。ウィトゲンシュタインは言われた通り書いて持ってきた。ラッセルはその最初の文を読むや否や、彼が天才的な人間であることを確信して、どんなことがあってもパイロットになってはならないと彼に話したという。こうして彼は、技術者となり父に望まれていたウィトゲンシュタイン家の後継者になる道が決定的に断たれた。ラッセルとの出会いが彼が哲学者としての生涯を送る決定的な契機となったのである。これを契機にして彼を育《はぐく》んできたウィーンの社会的、文化的環境とは異質な環境において彼は論理学及び哲学の研究に打ち込み、そしてウィトゲンシュタイン哲学という二〇世紀に最も影響を与えた思想の一つが誕生することになった。

ラッセル

II

前期の思想

——言語・論理と倫理・芸術との葛藤

オッタータールの風景

ケンブリッジとノルウェイの生活

ラッセルのウィトゲンシュタイン像　ラッセルにはウィトゲンシュタインが彼がそれまで知った人間のうちで最も完全な天才の生きた実例であって、「伝統的に天才と考えられているタイプの天才であり、情熱的で、学識が深く、強烈で、毅然《きぜん》とした品位をそなえている天才」と映じた。またラッセルの目から見れば、ウィトゲンシュタインは独特の潔癖さをもっており、異様にさえ見え、彼の行為は印象的であった。ラッセルは幾つかのエピソードを語っている。「毎晩のように深夜私の所に来て、非常に興奮して、沈黙したまま檻のなかの猛獣のように、三時間も部屋のなかを行ったり来たり歩きまわった。〝きみは論理学のことを考えているのか、それともきみの罪のことを考えているのか〟と私はある時彼に尋ねたことがある。〝両方〟と彼は言うなり、再び沈黙してしまうのであった」。ラッセルの見るウィトゲンシュタイン像は、天才という名に相応しい天才であり、奇行の人であり、そして質素で、道徳的に潔癖な人間であった。ウィーン育ちのこの青年は、ケンブリッジにきて、多くの人と接するが真に融け合ったようには見えなかった。ただ彼は論理学、数学基礎論にすっかり没頭し、ラッセルとホワイトヘッドの『数学原理』に取り組んだ。彼

トリニティ-カレジ

はラッセルに学ぶ一方、彼の論理の体系を解体し、そこに含まれているさまざまな誤謬や欠陥を暴き、自分が納得する形で論理学に取り組んだ。

　ラッセルの講義に出席して半年にもならないうちに、彼はラッセルへの手紙で「私の論理学はまったく坩堝《るつぼ》のなかにあります」と書いている。これはウィトゲンシュタインの物事を探求するときの基本的な精神であった。彼はただたんに知識を知識としてではなく、それをいつも実践的なもの、つまり自分の生との関わりのなかで探求した。その探求は徹底したもので激しい苦悩といい知れぬ不安のただなかでなされた。彼の探求にはいつもそうした人間的な苦悩、憂愁がつきまとっていた。それを彼の個人的な特質と呼ぶこともできようが、もっと別な見方をすれば、ウィーン的、あるいはウィーンのユダヤ的なものが幾重にも彼のうちに深く横たわっていたからだと言えよう。

ケンブリッジでの知的交友　当時のケンブリッジ大学ではこれまでに例がないほど知的活動が活気を帯びていた。論理学史上画期的な業績となったラッセルとホワイトヘッドの『数学原理』が書かれ、現代の倫理学に決定的な影響を与えた『倫理学原理』がムーアによって書かれ、ケンブリッジでは新しい哲学的活動の基盤が形成されていた。ウィトゲンシュタインは彼ら三人とも知り合いになった。経済学者J・M・ケインズ、数学者G・H・ハーディ、論理学者W・E・ジョンソンも友人となった。そして若き数学者デヴィッド=ピンセントと知り合いになった。この時期にムーアの『倫理学原理』とか、ウィリアム=ジェームズの『宗教的経験の諸相』を読み、英米の倫理、宗教に深い関心を示している。彼はまた心理学にも興味を持ち、講義に出席したり、音楽のリズムに関する心理実験を行っている。友人ピンセントによるとウィトゲンシュタインが哲学の本を組織的に読んだのはこの頃からである。彼は読書により「これまで知らずに尊敬していた哲学者たちが実は愚かで、無知で嫌悪すべき過ちを犯しているのを知り、驚いていた」という挿話を残している。

ノルウェイでの求道者生活　ウィトゲンシュタインはケンブリッジで五学期を過ごした後、ノルウェイに行き、そこで一九一四年に第一次世界大戦が起こるまで、論理学及び哲学の研究に没頭するために隠者的生活をした。姉ヘルミーネによると、「ルートウィヒはまったくの独りで本を書くためにノルウェイに行った。彼はそこで自分で小屋を買った。それはフィヨルドに突き出ている断崖の中腹にあった。彼はこの小屋にただ独りで住んだ。ひどい精神的な興奮と緊張をもって、ほとんど病的なものであった」。ノルウェイ滞在の様子は彼のラッセル、ムーア、ケインズ宛の書簡に示されている。例えばラッセルへの手紙には、「私はこの美しいフィヨルドの中に座って、タイプ理論について考えています」、「トートロジー（恒真命題《こうしん》）の本質に関する問題は、あらゆる論理の根本問題です」というように論理学に打ち込んでいる様子が書かれている。そして「私の一日は、論理、口笛、散歩、そして憂愁との間で揺れ動いています。私は神に、もっと理解力を持ち、全てが究極的に明らかになることをお願いしたいのです。でなければ私はもはや長くは生きてはいないでしょう」と書かれているように、彼は論理学に打ち込んでいるが、また精神的に激しく動揺していた。「私は毎日ひどい不安と憂うつに交互に悩まされています。そしてそれらがなくなった時ですら、疲労困憊《こんぱい》し、仕事のことを何も考えることができないのです。精神的な苦悩が起こるということは言葉に表現しようもなく恐ろしいことです！ここ二日以来ようやく私は幻影のざわめきから再び理性の声を聞き分けることでき、再び仕事を始めました……私は狂気のかろうじて一歩手前にいると感じることがどんなことを意味するのかこれまでまったく知りませんでした」（ラッセル宛書簡）。

孤独を求め、孤独のただなかにあって、ひたすら論理学に打ち込もうとしているウィトゲンシュタインの姿は求道者の態度そのものであった。しかし彼が何かを求めようとして、それに集中しようと努めれば、それだけ一層さまざまな雑念や幻影に脅かされた。いい知れぬ不安を抱きながら、彼はそれを超克しようとする焦燥感に襲われたのであった。「現在私は毎日毎日が別な人間です。今日の私は自分のなかで全てがあまりにも強烈に荒れ狂っているので、自分はきっと気が狂うのではないかと考えます。そして翌日の私は再び意気消沈してしまうのです」(ラッセル宛書簡)。この手紙には精神分裂状態にあるウィトゲンシュタインの有様がうかがわれる。しかし彼を精神分裂症から救ったものは彼の内なる求道的精神であった。同じラッセル宛の書簡で、「しかし私の魂の底は間欠泉の底のように絶えず煮えたぎっています。いつも最後には決定的な噴出が生じることを待ち望んでいます。そうなれば自分が別な人間になることができると思います。今日論理について何も書くことができません。恐らくあなたは私が自分についてこんなこと考えるなど時間の無駄だとお考えでしょう。でも自分がまだ人間でないのに、一体どうして私は論理学者でありえましょう！何よりも私は自分自身を純粋にしなければなりません！」。普通は論理とか数学は客観的であり、倫理的な面が排除されると考えがちであるが、このようにウィトゲンシュタインは論理の探求にさいしても、論理を人間的なものに基礎づけようと苦闘していた。

ピンセントの日記

当時のウィトゲンシュタインの青年像を知るもう一つの資料として、ケンブリッジのトリニティー=カレジでの友人デヴィッド=ピンセントの「日記」がある。それによれば、ウィトゲンシュタインはピンセントと知り合いになって一か月にもならないうちに彼をアイスランド旅行に招待し、さらにノルウェイの旅に誘い、論理学・音楽・哲学などをとおして交わった。ノルウェイのフィヨルドのある小さな村エイステーセでは、ボートに乗ったり、シューベルトの歌をピンセントがピアノを弾きウィトゲンシュタインが口笛を吹いたりした。あるいは二人は論理学やその他のことなどを語りあった。ウィトゲンシュタインはエイステーセの旅の時にピンセントにノルウェイに引き籠って、論理学に打ち込むということを話している。そして彼はショルデンというフィヨルドに面した僻村に滞在することになる。ケンブリッジよりも人里離れたところでただ独りの方が誰にも邪魔されずに仕事に没頭できるということであった。またケンブリッジでは理由がなくとも他人を軽蔑したくなったり、彼の神経質な性格が他の人たちを苛立たせたりするので、ケンブリッジに住む理由がないとのことであった。

「彼が仕事をしている時はドイツ語と英語とをちゃんぽんにした独り言を呟《つぶや》いていたり、始終部屋のなかを大股で歩きまわったりしていた……あとで私たちは散歩に出かけた。私はカメラを携帯した。その時撮ったのがルートウィヒと一緒のシーンの写真である。私たちはすっかり打ち解け合っていた。だが私が写真を撮るために一寸の間彼を独りにしておき、再び戻ってくると、彼は黙り込んで不機嫌であった。私は三〇分も黙ったまま彼と散歩を続け、どうしたのかと彼に尋ねた。写真を撮ることに私が熱中していることが彼をうんざりさせたのであった。そんな人間は散歩の間何も考えることができず、この田園風景がどうしたらゴルフ場になるのかと考えるような人間だと彼は言った」、「彼は実際ひどいノイローゼ状態にあった。今晩彼は自分をひどく苛《さいな》み、動揺した状態で、自分を嫌悪をしていた……現在彼はベートーヴェンと同様な状態（神経過敏という状態）といっても言い過ぎではない。彼は時折自殺のことを考えているとさえ話した」（「日記」）。

ピンセントの「日記」からも知ることができるように、ウィトゲンシュタインの精神状態は激しく動揺していた。彼は気難しかった。彼はケンブリッジで知り合った人たちと衝突した。ラッセルともムーアとも衝突し、仲違いをした。いつもウィトゲンシュタインがしかけている。ピンセントとの関係も決して例外ではなかった。ピンセントが「彼が不機嫌になった時、私はひどく用心し、寛容でなければならなかった」（「日記」）と記しているように、二人の場合はピンセントに度量の大きさがあって決定的な仲違いにはならなかった。しかし残念ながら、ウィトゲンシュタインの良き理解者であったピンセントは第一次世界大戦に従軍し、飛行機墜落事故で亡くなった。

父の死と死についての思索　この間父カールが舌癌のために亡くなった。一九一三年一月二〇日のことであった。父の死の翌日、彼は次の手紙をラッセル宛に書いている。「私の父は昨日午後亡くなりました。私の想像しうる限り、最も美しい最期でした。ほんのわずかな苦痛もなく、子供のように安らかに眠りました！ずっと臨終に立ち会っている間、一瞬とも悲しいとは感じませんでした。むしろ最高に喜びを感じました。そしてこの死が一つの生涯に価いするものであったと考えました」。

自分の父親の死にさいして、このように悲しみを表さずに、最高の喜びであるというのは一般的には大変理解しがたいことであろう。しかしルートウィヒが書いた『日記 1914―1916』には、「死を前にした恐れは、誤った、つまり悪しき生の最上の印である」、「死は生の出来事ではない」、「幸福な者は、たとえ死を前にしても恐れを抱いてはならない。時間のなかではなく、現在のなかで生きる者だけが幸福である。現在のなかでの生にとって、死は存在しない」などの言葉に触れる時、ルートウィヒが自分の父の死を喜びの感情として表現したことが理解できよう。彼に従えば、死は時間のなかの出来事ではない。幸福に生きるためには、現在に生きるのでなければならない。現在に生きる者は永遠に生きる者であり、それゆえその者には死は存在しない。したがって父の死も永遠の生を生きることを意味し、悲しむべき出来事ではないことになる。

ウィトゲンシュタイン家の墓

彼の死に関する憂愁と苦悩は、死という出来事にあったのではなく、実は自殺にあった。彼によれば、与えられた命をまっとうすること、これが人間に課せられた定めである。もし自殺が許されるとすれば全てのことが許される。それが許されないということに人生の深い意味がある。彼は「自殺が許されるとすれば、その時全てが許される。何かが許されないとすれば、その時自殺が許されていない。このことが倫理の本質に光を投げている。なぜなら自殺は根本的な罪だからである」と書いている。ノルウェイでの論理学の仕事は人間であることの根源についての深い省察に基礎づけられている。ノルウェイのまったくの孤独な生活でのさまざまな思索の体験を基盤として、それが一冊の書物として完成するのは、それから数年の月日を要するのであるが、こうした間に第一次世界大戦が起こった。

遺産の相続と寄付

第一次世界大戦の直前に、彼はオーストリアに戻りウィーンや別荘地ホッホライトで過ごす。一つには原稿の整理があったが、もう一つには父の遺産相続のためであった。彼は三〇万クローネンという莫大な遺産を相続することになった。彼は、まず父カールがオーストリアの芸術家たちを助成しようと考えていた意向を果たすために、そのうちの三分の一の額を貧しい芸術家の助成に使うことを決意した。そして当時評判の高かった「デァ＝ブレンナー」誌を編集し、詩の編集や出版をしていたフォン＝フィッカーに「大変恐縮ですが、ぜひお願い致したいことがあります。一〇万クローネンのお金をあなたの口座に振込みたいのです。そしてそれを資産のないオーストリアの芸術家に配分されることをあなたの裁量にお任せ致したいのです」と申し出た。フィッカーはこの突然の申し出に驚き、躊躇《ちゅうちょ》したが、この申し出を受け、芸術家たちに配分した。この助成は匿名でなされた。助成を受けた人として、詩人トラクール、リルケ、画家ココシュカ、建築家ロースらの名前が挙げられる。ルートウィヒは裕福な家庭で育ち、金銭には無頓着であったようで、ケンブリッジやノルウェイでの生活にも金銭的にはまったく不自由なしに暮らしていた。当時の彼の関心はノルウェイの山小屋で孤独のただなかにあって、真理への探求に、言い換えれば論理学のこと及び自己の内面の問題にあった。残りの遺産は、のちほど全て手放すこととなるが、当面親族が管理することになった。この寄付を機縁にして、彼はフィッカーと知り合い、建築家ロース、その弟子パウル＝エンゲルマン（一八九一～一九六五）を知り、彼らとの交際が始まった。特にエンゲルマンとの交友は彼の内面形成に大きな影響を与えることになった。

第一次世界大戦と『論理哲学論考』

志　願　兵
ウィトゲンシュタイン

一九一四年七月第一次世界大戦が勃発した。ウィトゲンシュタインはごく普通のウィーンの市民たちと同様に愛国者であった。彼は戦争の勃発を知ると、計画していた再度のノルウェイ行きも断念し、そしてかつてはヘルニアで兵役を免れていたが、祖国オーストリアのために自ら兵役を志願した。彼は非常に義務感が強く、祖国のために戦うのは当然の使命と受けとった。彼はクラクフの砲兵連隊に配属され、最初の任務はウィスラ河を巡視艦でパトロールすることであった。それから彼は最前戦を希望し、ポーランドの南部ガリシア戦線やその他の最前線に配属され、果敢に戦った。この間彼は「デァーブレンナー」誌のフィッカーと前述した芸術家たちへの奨励金のことについて、書簡を交わしたり、その助成を受けた詩人トラクールに会いに行ったりした（彼が会いに行った時にはトラクールはすでにその二日前に亡くなっていた）。また、ある小さな町でトルストイの『福音書要義』をたまたま見付け、それを買い求め、トルストイに熱中することになった。建築家ロースやエンゲルマンと知り会うのも兵役中である。

ウィトゲンシュタインは、最前線での戦いを自ら志願し、砲兵技術者として祖国のために勇敢に戦った。この有様は彼の多くの功労申請書や軍人経歴書に詳細に記入されている。例えばその一部を紹介するとしよう。「彼の抜群の果敢な振る舞い、落ち着いた態度、冷静さ、勇者としての行為は兵士たちの最大の称賛の的となった」、「彼の振る舞いは軍人としての忠誠と信義の輝ける模範である」。軍隊でのこのようなウィトゲンシュタインの行動を一体どのように理解すべきであろうか。その理由として、彼が義務感の強い人間で、祖国を守るために戦うことを当然の義務と考えていたということを挙げたい。これはウィーンの市民が一般に抱いていた使命感であり、兄クルトも志願したし、作家ホーフマンスタールは若き日には志願兵となったし、第一次世界大戦にも将校として応召している。また、作家ムージルも同じで、その他多くの芸術家や文化人を挙げることができる。ウィトゲンシュタインはラッセルの反戦運動に反感を抱いていたが、それはラッセルの反戦運動の不自然さ、反戦という名に潜む偽善に対してであった。彼は人間の自然として戦うという性は当然のこととして認めなければならなかった。彼にとって祖国を愛し、そのために戦うのは自然のことであった。また彼には自殺は許されなかったが、しかし死は人生の出来事ではなく、永遠の生を生きることを意味した。彼にとって戦場での死は生をまっとうしたものであり、戦死は決して自殺的行為ではなく、有意味なのである。このことは彼の父の死にさいして取った態度からも理解できる。

ここにも彼が果敢に戦った理由が挙げられる。

死に直面した戦場という極限状況において、彼は人生の問題を考え、『論考』（『論理哲学論考』の省略）の執筆に取り組んでいた。彼は戦友たちからは「福音書を持った男」と呼ばれ、仲間たちが酒を飲んだり、何かに興じたりして退屈をまぎらわしている時に、『論考』の草稿でもある『日記 1914—1916』を執筆している。仲間たちとのトラブルもなく、彼は「良き戦友」と見なされていた。恐らく彼は戦争という契機を通して、自分の新しい課題を見出そうと努めたのであろう。彼は四年の戦争の間にさまざまなことを体験している。彼にとってこの四年間はまさしく激動の時代であった。ウリクトは「大戦の時期はウィトゲンシュタインの人生の危機の時であった」（「小伝」）と述べているが、彼は、この時期に精神的な苦悩と取り組み、人生の意味を問い、価値の何かを問い、神について問い、主要な関心を人生・世界・神に向けていた。

『日記1914–1916』

『日記 1914—1916』（以下『日記』）は『論理哲学論考』の草稿である。その大半は大戦中に書かれた、一種の日記であり、内面の思索の記録でもあり、当時のウィトゲンシュタインの人生観、価値観を知るのに興味深い。彼の記述は最初はもっぱら論理学及び論理的命題に向けられているが、このノートの後半からつまり一九一六年六月以降、人生の意味、神、世界、善悪、死、芸術などについて記されている。『日記』には次のように書かれている。

「私は神及び人生の目的について何を知っているのであろうか。

トラテンバッハの山道　ウィトゲンシュタインの散歩道

私は知っている、この世界が存在することを。
私の眼が視野の中にあるように、この世界に私があることを。
世界において問題となるものを私たちがその意味と呼ぶことを。
この意味は世界の中にあるのではなく、その外にあることを。
生が世界であることを。
私の意志が世界に貫徹していることを。
私の意志は善あるいは悪であることを。
したがって善悪は世界の意味と何らかの連関があることを。
生の意味、つまり世界の意味を私たちは神と名付けることができるということを。
そして父としての神という比喩をこれと結びつけることを。
祈りは生の意味についての思いであることを。
私は世界の出来事を意志通りにすることができず、私は完全に無力であることを」。

これが書かれた時は東部戦線攻防の激戦のさなかで、彼はこの戦いで勇敢に戦った。その一方で、彼は生の何かを、生の意味を戦場のさなかにあっても考え続けた。彼はこの一年前にトルストイの『福音書要義』を手に入れた。彼はそれを繰り返し読み、戦火の中でも手放さなかった。彼はトルストイをとおして人生の意味を求めていくなかで、原始キリスト教の理念に至る通路を見出したという解釈もあるように、トルストイの彼に与えた影響の大きさは否定できない。トルストイの影響についてエンゲルマンは次のように述べている。「ウィトゲンシュタインは、少なくとも私が知っている彼はトルストイを無条件で称賛し、尊敬していた。トルストイの著作では特に『福音書要義』と『民話』を高く評価していた」。

トルストイへの傾倒と宗教　ウィトゲンシュタインはトルストイに心から惹かれていた。特に宗教は感情に基づけられ、理性に基づけられるのではないということ、そして信仰は理性的な知識によって認識されるものではないことがトルストイの「二人の老人」(『民話』のなかの一つの物語)に語られているが、ウィトゲンシュタインのトルストイへの心酔はこの点にあった。つまりこの物語に書かれていることは、「人間が理性によって神の信仰の証を求めないこと、毎日の生活においても自分の理性によって自分の義を自分で判断しないこと、むしろ自分を罪深い者として自覚し、自分を素朴な信仰心に委ねているということ」であった。またトルストイは信仰の何かについて、『懺悔《ざんげ》』の一節に「信仰は人間の有限な存在に無限の意味を与える。――すなわち、苦悩と喪失と死とによって滅ぼされない不滅の意味を与える。言い換えれば、信仰の中においてのみ人生の意味と生の可能性とを見出すことができる。……信仰とはたんに見えないものを証示することでもなく、神に対する人間の関係でもなく、……信仰とは、これを得ると同時に自分を滅落させずに生きることのできる人生の意味に対する知識である。つまり信仰は生の原動力である」(原久一郎訳)と書かれているが、これはウィトゲンシュタインが『日記』に次のように書いていることと基本的に同じものである。「神を信じることは生の意味に関する問いを理解することである。神を信じることは世界の事実によって問題が片付くのではないことを見てとることである。神を信じることは生が意味をもつことを見てとることである」。ただウィトゲンシュタインはトルストイのように神への信仰を持っていたのかどうかについては確かではない。

エンゲルマンとの出会い

ウィトゲンシュタインの青春の内面について語る時、忘れてはならないのは彼とエンゲルマンとの出会いである。彼のモラヴィアのオルミュッツ滞在は一九一六年一〇月から数か月であった。オルミュッツは過去の文化的遺産を保持していた古都であって、彼はそこでエンゲルマンを尋ね、そして彼の家族と彼の友人たちと親しく交っ

ブラームス像

た。エンゲルマンの母は、彼を優しく暖かく迎え、彼に家庭的なくつろぎを与えた。彼は孤独を求め人里離れた地にひっそりと暮らすことを好んだが、また他方では優しさや愛情を人一倍望んだ。そんなわけで彼は彼女のもてなしに心からくつろいだ。

　彼はこの静かで落ち着いた古都と暖かい家庭の雰囲気に一時の幸福感を抱いたに違いない。エンゲルマン家の夕べにはエンゲルマンの友人たちも集い、シューベルト、ブラームス、バッハなどの曲がピアノやオルガンで演奏されたり、音楽や文学などの芸術論議も活発になされたり、またモリエール劇が上演されたりした。二人の友情はこの出会いを機縁に一層親密になっていった。彼らは人生の問題を語り、宗教問題を論じ、芸術や文学を論じた。エンゲルマンは詩を書いた。彼は自分の作品を朗読した。彼はウーラント（一七八七～一八六二）の詩に魅せられていて、それをウィトゲンシュタインに送った。彼はその詩を感激して読んで、「ウーラントの詩は本当にすばらしい。その詩は、語り得ないものを語ろうとしない限り、何ものも失わないということを示している。語り得ないものは——語り得なく——語られたもののうちに含まれている」と語っている。これは彼の著『論考』と共有した精神であった。このようにして二人は打ち解けて、友情は深まっていった。二人はウィトゲンシュタインが全力で執筆しようとしていた『論考』の構想や言葉の表現に至るまで話し合った。

捕虜生活と『論考』の完成

戦争中に以上のようなくつろいだひと時を持ったが、彼はその後再び前線に戻り、最前戦で戦った。しかしオーストリア軍は敗退し、彼はイタリアのコモの捕虜収容所、つづいてモンテーカッシーノの捕虜収容所とで囚われの身となった。その時彼のリュックサックには『論考』の草稿が入っていた。彼はカッシーノからラッセル宛に『論考』の完成の様子を伝えている。「私の過去六年間の全ての仕事が含まれている『論理哲学論考』と名付けた本を書きました。私は私たちの問題を最終的に解決したと考えます。こう言いますと傲慢《ごうまん》に思われるかも知れません。しかし私はそうだと考えざるを得ないのです。私は一九一八年八月にその本を仕上げました。それから二か月後に捕虜になりました。ここにその草稿を持っています。あなたのためにコピーをとりたいと思っています。しかしそれがかなり長くなりますし、それに安全にそれを届ける方法がないのです」。『論考』の原稿が完成したのは、ウィーンに休暇中（正確には、別荘地ホッホライトとザルツブルクの近郊のハライン及びウィーンで過ごしている）のことである。この草稿は彼の友人ケインズを介してラッセルのところに送り届けられた。しかしこの本の出版は難航に難航を重ねた。

彼は捕虜生活においていろいろな人を知った。例えば彫刻家ミヒャエル＝ドロービル（彼は後年ドロービルに従って少女の頭部像の彫塑《ちょうそ》をしている）、厳格なカトリック教徒で学校の教師であったルートウィヒ＝ヘンゼルなどである。彼は特にヘンゼルとは心を打ち解けて話した。ヘンゼルも『論考』の原稿を読み、それについて議論し、句読点に至るまでその原稿を検討した。その頃ウィトゲンシュタインは『論考』を完成した後で、教師になることを決意していた。それが機縁でヘンゼルと教師という職業について親しく話し合った。しかし彼は牧師になる希望も持っていたようであった。彼はそこで知り合いとなった、教師であったパラークに教師になるつもりだが、自分はむしろ牧師になり、子供たちと一緒にバイブルを読んで暮らすことの方がいいと語っている。このようにウィトゲンシュタインが自分の将来の生き方について思い巡らすのも、彼が青春の全てを賭けて、『論考』を懸命に努力して完成させたからであった。彼は『論考』の完成によって、自分が解こうとした諸問題に解決を与えたと考えた。この仕事はまったく激動のただなかでなされた。『論考』の完成した時は、戦争の終結の時であり、彼自身の激動の青春に一つの区切りをつけた時でもあった。

『論理哲学論考』の出版と小学校教師

遺産放棄と『論考』の出版

一九一九年八月二五日、ウィトゲンシュタインはモンテ-カッシーノの捕虜収容所から釈放され、ウィーンに帰ってきた。三〇歳の時であった。母親レオポルディーネはルートウィヒの身の安全を想い、可能な限りの手段を講じて国際赤十字社を通して彼を探して貰《もら》い、大使館に働きかけた。そして彼はラッセルやケインズなどの助力によって釈放の身となった。しかし彼にとっては、一緒に戦った仲間と最後まで運命を共にするのが当然のことで、こうした行為は屈辱的であり、このことが彼の心に暗い蔭を投げたと言われている。

彼はウィーンに帰って、まず相続した遺産を全て放棄し、姉、兄に譲った。これは大戦中トルストイの宗教的、倫理的著作に触れ、福音書に強い関心を抱くこととなったことと大いに関係している。遺産の放棄後の彼の生活は非常に質素になり、時には度の過ぎるほどの倹約した生活を送った。「ネクタイをしたり、帽子をかぶる彼の姿を想像することはできない。ベッドにテーブル、わずかな椅子が彼の家具の全てであった。装飾となるものはどんなものであれ、全て彼のまわりから取り払われた」（『小伝』）というように、その後彼は質素な生活を送った。

次に彼は『論考』の出版に奔走した。『論考』の出版は思いの外難航した。大戦中の一九一八年八月に、『論考』の原稿が完成した段階でウィーンの出版社に交渉したが、断り状を受けた。そこで帰国後彼がしたのは出版社探しであった。彼はいろいろな人の紹介により、幾つかの出版社と交渉するが、どれもうまくいかなかった。結局『論考』は、一九二一年の秋「自然哲学年報」に掲載された。しかし印刷に誤植が多く、特に論理記号の表示がでたらめで、彼には不満なものであった。この間ラッセルとオグデンとの間で英国のケガン=ポール社から出版する話が進められていた。それは英訳と原文のドイツ語を併せて出版しようという計画であった。彼はこの計画に賛成した。英訳はラムゼイとオグデンによってなされ、ウィトゲンシュタインの目を通して、印刷され、一九二二年一一月に出版された。実に難航を重ねたのちの出版であった。

教員養成学校と下宿生活

捕虜の身から釈放されて、彼は『論考』の出版に奔走する一方、教師になる準備を進めていた。彼は九月にウィーンのクントマン通りにある教員養成学校に登録した。この学校の建物は、後ほど彼が自ら設計し、建てることになる姉マルガレーテ=ストンボロウ夫人の建物の隣にあって、それは当時の学校教育の改革を唱えた運動の指導者オットー=グレッケルの指導のもとに創設された学校であった。この学校に入ったのは姉マルガ

教員養成学校

レーテの紹介による。しかし三〇にもなり、しかも戦争を体験したウィトゲンシュタインにとって、ここは決して楽しいところではなかった。入学した当時、友人エンゲルマンに「教師になるために教員養成学校に通っています。……もう私は生徒のように振る舞うことができません——それはとても滑稽に見えます——あまりにもへり下ってばかりいて、私はしばしばそれに忍耐できないのではないかと考えてしまいます！」という手紙を出している。

彼は母親が捕虜の身にある自分を特別に釈放してくれるように努力したことに対して、それは仲間を裏切る行為であり、道義的に許されないと憤っていて、母との関係に一種の緊張関係が生じていた。彼は教員養成学校には、母親の所、つまり「パレー・ウィトゲンシュタイン」から通わなかった。彼は自活の生活を求めて、下宿した。「私はもう私の母の所にいません。私の全財産をくれてあげました。すぐにでも自分で何か稼ごうと思っています」とラッセル宛の手紙に書いている。しかしそこはあまり環境がいい所ではなかったようで、すぐに他の所に移っている。この頃の彼について種々憶測されているようである。

それによると彼の住んだ下宿の近くの街路には同性愛の若者たちがたむろしていて、彼がその誘惑から逃れることができないでいたというのである(バートレー)。この真偽のほどは分からないが、彼が自分の生活について深刻に悩んでいたことが当時の書簡から明らかである。

エンゲルマンへの手紙

「私が如何に堕落しているかということは、私が数回にわたって、自分の命を断とうと考えていたことから分かってもらえると思います。しかし私自身の悪に絶望してではなく、まったくの外部の理由からなのです」(一九一九年一一月一六日)、「最近数日間私は本当に恐ろしい状態に陥っていました。そしてそのことがまだ解決されていません。何がこんなに私を苦しめているのか、その原因については話したくありません。人間を理解する人は私のことを考えてくれるのだという感情が慰めてくれます」(一九二〇年一月二六日)、「私の生活の外的な条件は現在大変悲惨な状態です。そしてそれが私の内面を引っ掻きまわすのです。それを制止するものがまったく私には欠けています」(同年二月一九日)、「私は最近非常に惨めな状態にあります。悪魔がやってきて、私をいつか連れて行ってしまうのではないかと恐れています」(同年四月二四日)、「私はまたまったく虚《うつろ》な状態になっています。無論それはもっぱら私自身の卑しさとだらしなさに起因しています。絶えず自殺のことを考えていたし、今もなおその考えが私の内部に住みついています。……私は再び立ち直れるのであろうか」(同年五月三〇日)、「私はしばしば過去にあった状態に現在あります。それはある特定の事柄を乗り越えることができない状態なのです。……自殺は忌まわしいことは知っています。自分自身を抹殺することを望むことは許されません。自殺という出来事を想い浮かべる者は誰もが、自殺はいつも突然に自分に襲いかかるのだということを分かっています」（同年六月二一日）。

教員養成学校に通っていた間、つまり一九一九年九月から一九二〇年七月の上旬までの間、ウィトゲンシュタインはエンゲルマンへの手紙に見られるように激しい精神の苦悩に苛まれた。ここで語られている「外的な原因とか条件」、「ある特定の事柄」がどんなことなのかはよく分からないが、それがバートレーのように性的なものであったという解釈も可能であり、彼は同性愛に陥り、自分を苛んでいると解釈することはできる。しかしそれが事実であったということを裏付けるものはない。ただ彼が自分を駆り立てるその何かに引き込まれる自分を卑しく、退廃的であると苛んでいることだけは確かであった。彼はこの苦悩から逃れようと努めた。そのために自殺の想いに悩まされる。しかし自殺も彼にとって許されるべきもない大罪であった。彼は、教員養成学校の卒業証書を手にすると教師になる前に規則的生活を求め、修道院の庭師の助手として働いた。

修道院の庭師助手と学校教師

「私は何か規則的な仕事を切に求めていました。それは――私が間違っているのでなければ――私の現在の状態ではまだ最も耐えることができる仕事です。そのような仕事を見つけました。夏休みの間クロスターノイブルクの修道院で庭師の助手として雇われました」という手紙をエンゲルマンに出している。そしてその修道院から次のような手紙をエンゲルマンに書いている。「クロスターノイブルクでの滞在も終わりに近づいています。三日以内にウィーンに再び戻り、教師の職を待ちます。庭仕事は確かに私が休み中になしえた最も分別のある仕事でした。夕方に仕事を終えると疲れてしまい、不幸などと感じることもありません。無論自分の将来の生のことを考えると恐ろしくなるのです。といいますのは、もしそれが非常に悲惨なものにならないとしたら、奇妙なことに違いないからです」。彼は当時修道院入りのことを真剣に考えていたようである。庭師の助手の仕事は彼の希望していた修道院生活を見るためであったのかもしれない。しかし彼は修道院に入らなかった。

ウィトゲンシュタインは教師となり、新たな生活が始まった。彼の教師としての第一歩はウィーンからおよそ八〇キロの地点にあるキルヒベルク-アム-ヴェクセルの近くのトラテンバッハの小さな小学校であった。彼はこの小学校よりも便利で大きな学校を薦められたが、「ここには公園も噴水もあります。私はまったくの僻地がいいのです」と言って、彼は薦められた学校を断わり、トラテンバッハに赴任することになった。トラテンバッハは彼の希望にあった山奥の僻村であった。彼はそこを気に入ったようであった。彼はラッセルに「少し前まで私はひどい抑欝状態に陥り、生きることに疲れていましたが、今は何か希望がわいてきています」と伝えている。また「ついに私は小

トラテンバッハの小学校　中央の建物

学校教師になりました。しかも非常に美しく、小さなところで、トラテンバッハという所です。学校での仕事に喜びを感じています。それに私はここの仕事が絶対必要なのです。そうでなければ直ちに私の中で何が起こるのかまったく分からなくなってしまいます。ぜひきみに会って話したい！！！！！いろいろなことが起こっています。非常に痛かったのですが、手術を受けました。経過は良好です。私は時々一つの肢体を欠きますが、しかし少ない肢体でも健康ならその方がいいのです。昨日『賢者ナターン』（レッシング）を読みました。私はそれを素敵だと思います」という内容の手紙をエンゲルマンに書いている。子供たちに教える喜びと僻村という厳しい生活条件のなかで生きるということは、ウィトゲンシュタインにとって永年の夢であって、この手紙には夢が叶えられた喜びが表明されている。

「生まれながらの教師」

姉ヘルミーネは彼を「生まれながらの教師で、あらゆるものに関心を示し、そうしたものから何が最も重要であるのかを引き出し、それを明晰《めいせき》にさせる術を知っていた」と述べているが、彼は生徒の能力を引き出し、熱心に教育した。ここの学校は複式学級で全学年を三つの学級に分けて教えていた。ヒュブナー（キルヒベルク-アム-ヴェクセルに住み、ウィトゲンシュタイン学会を創設し、その会長となり、毎年この地での国際ウィトゲンシュタイン学会開催に献身的に努力されているウィトゲンシュタイン研究者である。彼はウィトゲンシュタイン資料館の設置、学会誌の発刊に携わり、そしてウィトゲンシュタインの勤務地のウィトゲンシュタイン観光《例えば、ウィトゲンシュタインが泊まった宿を表示したり、本書三九頁の写真にあるように彼がよく散歩したと言われる山道に『論考』とか『日記 1914―1916』などの断章を表示し、そこでウィトゲンシュタインの足跡の案内》に助力されている方である。筆者も彼にこの地でお世話になった）に従えば、「彼は毎日非常にまじめに準備し、特に能力のある子供たちにはいつも極度に集中して教えた。彼は指導書を無視し、完全に自分の判断に従って授業計画を立てた。注目に価いするのは、彼の母国語の授業で、作文や書き取りのさいの間違いを訂正するのではなく、その行の初めに線を付けるだけで、子供たちが自分で分かるようにするといった方法を取った。子供たちは自分で間違いを見付けるか、あるいはノートを交換し、級友の間違いを見付けなければならなかった」。ウィトゲンシュタインは大変厳しい教師であった。ここにも書かれているが、私もトラテンバッハでウィトゲンシュタインに習ったという方に当時のウィトゲンシュタインのことをいろいろと聞いた時に、頭をげんこつで叩いたり、平手打ちをしたりして体罰

ウィトゲンシュタインの住んでいた家　現在は空き家

を容赦なく加えたとのことであった。この体罰も彼が身命を捧げて教えようとした熱意の表れと言えよう。

　ウィトゲンシュタインの教育はいつもアイデアにみちて、突然の閃き《ひらめ》も加わった。彼はいわゆる小学校の教育指導方針を無視し、自分の教育方針を優先した。彼は変化に富んだ授業を心がけた。自費で教材を用意し、自然観察や社会見学の費用なども負担した。姉ヘルミーネが言っているように彼は生まれながらの教師であった。しかし彼の教師としての才能も彼特有の性格のためにいろいろと誤解や衝突を引き起こし、十分に発揮されなかった。子供たちには彼の熱意が伝わって、彼らは彼を慕っていたが、生徒の父兄には彼は「風変わりな教師」に映じた。彼らにはウィトゲンシュタインは彼らの期待していた教師像とはまったく相容れないものであった。「それは彼の服装からすでに始まった。彼はウィンドーヤッケを着、フラノのズボンをはき、重い靴をはいていた。彼に内面の変化があって以来彼はネクタイを締めなかった。天気の悪い時は防水帽をかぶったが、普段は無帽であった。そして何よりも彼の教育は独特であった」（ヒュブナー）。彼の生活は実に質素だった。彼が住んだ家には生活するのに最低限必要なものしか置かなかった。ベッド、小さな机、椅子、洗面スタンドなどで今もそのままに残されている（トラテンバッハで彼が住んだ家が空き家になっていて、当時のままになっている。前頁の写真はその住宅である）。食事も大変質素であって、ラッセルの自叙伝にも彼がミルクと野菜だけで生きていると書かれているが、例えば「夕べ一緒にした彼の夕食はかなりひどく、堅いパンとバターとココアだけでした」と彼を訪れた知人が記している。

教師としての悩み

彼は熱心に教育したが、無理解な親たちには寛容ではなく、忍耐したり積極的に誤解を解こうとしたりする努力をしなかった。「私はまだトラテンバッハにいます。前と同じく悪意や俗悪さにとり囲まれながら、人間は概してどこでも大して値打ちなどはないというのは真実ですが、それにしてもここの人たちは他のどこの人よりもまったく役立たず、無責任なのです。私は多分今年はトラテンバッハにいますが、しかし長くはいません。といいますのはここの他の教師たちとうまくいっていないからなのです。（恐らく他の地に行ったからとて、別によくなるわけではないでしょう）」という手紙をラッセルに書いている。さらに一か月後に、ラッセルからの手紙の返事に対して「トラテンバッハの人たちだけが他の全ての人たちよりも悪いのではないというのは言われる通りです。しかしトラテンバッハはオーストリアでも特に柄の悪いところなのです」と書いている。

彼は教師であることに懸命に努めたが、その反面これまで陥っていた憂愁に引き戻された。エンゲルマンには教師となった時、大変張り切ってその喜びを語っていたが、もう翌年の一月には、「私はもう一年以上も前から道徳的にまったく死んでいます！このことからも私がうまくいっているのかどうかを判断できることでしょう。私の生活は本当のところ無意味なものになっています。ですから私の生活はもはやただ余りのエピソードだけから成り立っています。周りの人たちは無論そのことに気づいていませんし、また分かってもいません。しかし私は自分が基本的なものに欠けていることを知っています。私がここに書いたことが分からなければ、きみに喜びあれ」という手紙を書いている。このように、彼はここでもまた激しい精神的な苦悩に襲われ、自分の内部を掻き立てるものに苛まれている。しかしトラテンバッハにきてから、彼が念願していた『論考』の出版もオスワルトの「自然哲学年報」への掲載が実現し、その後それをケガン＝ポール社から英訳を付けて出版するなど、彼の言う「余りのエピソード」の人生を享受し、それを教育に向けていた。彼は休みを利用し、かつて孤独の生活をしていたノルウェイの山小屋にも行った。またラッセルとインスブルックで出版その他のことで会ったりして多忙の時でもあった。

転任とラムゼイの訪問

彼は結局トラテンバッハで二年間勤めた。ラッセルと会ってインスブルックから戻ってくると、彼はハスバッハの学校への転出の通知を受けた。彼独自の教育の仕方とか風変わりな教師の生活態度がその原因で、これにはいろいろと策略があったと言われている。「数日前私は私の新しい任地（ハスバッハ）に行ってきたが、そこの新しい土地の人々（教師、牧師など）に非常に不愉快な印象を持った。一体どうなるのか！？！彼らはまったく人間ではなく、ただ吐き気をもよおす妖怪《ようかい》にすぎない」とエンゲルマンに手紙を書いている。彼はそこに短期間勤めたのち、シュネーベルクのプフベルクの小学校に転出した。

そこはウィトゲンシュタインの教師生活のなかでは一番の住み心地のいい所であった。彼は音楽の教師で、気の合った同僚に巡り合い、彼とは音楽を通して親しく交わった。赴任した年の秋には『論考』も出版された。ケンブリッジの若き数学者ラムゼイが訪問した。それから彼とラムゼイとの交友が続けられた。ラムゼイは『論考』の英訳を手伝い、書評などしているうちにウィトゲンシュタインと会ってみたいという気持ちに駆り立てられて、プフベルク訪問となったのである。ラムゼイの訪問が契機となり、『論考』第二版（一九三三年）の出版のさい、英訳の多くの箇所とドイツ語も一部訂正された。またウィトゲンシュタインが後に再びケンブリッジで哲学を始めるが、ラムゼイの訪問はその契機の一つになった。ラムゼイはウィトゲンシュタインのここでの質素で、貧しい生活の様子を手紙に書いてる。そのうちの一つに「彼は大変貧乏です。ここでは彼にはたった一人の友人しかなく、非常にわびしい生活を送っているようです。彼は大抵の同僚たちに少し狂っていると思われています」（オグデンへの手紙）と記されている。ウィトゲンシュタインはそこで二年間勤務し、最初の勤務地トラテンバッハの隣にあるオッタータールに転出した。

実用的な「小学生のための辞書」

ウィトゲンシュタインはこの地でトラテンバッハで手がけた「小学生のための辞書」を完成し出版した。小学校教師としての経験を生かし、子供たちの使い易いようにした、しかも土地の方言も入れた実用的な辞書で、普通の辞書がアルファベット順という原理を基本にしているのに対して、同種な語を中心にし、それに派生語を加えたものであった。アルファベット順に異種な語を並べることによって子供たちに生じる抵抗を排除しようとしたのであった。この辞書について、ヒュブナーは五〇年以上もたっているのにもかかわらず、最新の辞書を手にしている印象をもつと述べている。またウィトゲンシュタインがこの辞書に取り組んだ経験が、彼の後期の哲学の基礎の一つになっていることに注目したい。ついでながらこの辞典は彼の生前に出版された最後の書である。

教師辞職

彼はオッタータールに教師としておよそ一年半勤めた。この間ケンブリッジを訪問したり、論理実証主義運動の拠点となったウィーン学団で指導的役割を果たしていたモーリッツ＝シュリック（一八八二～一九三六）の訪問を受け（ただしウィトゲンシュタインはその時留守であった）、哲学復帰への誘いがあったりしたが、しかし彼は教師としてとどまることを望んだ。結

『小学生のための辞書』

局彼はそこでもうまくいかなかった。「私は幸福ではない……私は一緒に生活している人間、いいえ人間でないやつらとの間にあって苦しんでいる。要するに万事がいつもと同じです」という手紙をエンゲルマンに書いている。彼はとうとう教師を辞任することになるトラブルを引き起こした。彼が平手打ちをした生徒が気絶して倒れたことが辞任の直接の原因であった。この生徒はもともと身体が弱く、その後もしばしば失神状態になり、二年後白血病で死亡した。この生徒を気絶するほど殴ったことで、かねがねウィトゲンシュタインを好ましくないと考えていた村の人々は騒ぎ、訴訟をおこした。地方裁判所判事がウィトゲンシュタインの精神鑑定を要求し、実施された(その結果については知られないままになっている)。学校では彼の行為を勤務上の行き過ぎではないと明らかにしたが、彼は辞職願いを出した。地方視学官も慰留したが、彼の決意は固かった。彼はこうなることをすでに覚悟していたことは以前の書簡からも推察される。それにしてもトルストイに魅せられ、子供の教育にかけた夢もすっかり破れ、彼は身も心もすっかりうちひしがれて将来の何の当てもなくウィーンに帰るのであった。

　ウィトゲンシュタインは『論考』を完成し、出版することによって自分の使命を終えたものと考え、残りの生涯を子供たちの教育に尽くすことを決意していた。だが彼の人生は彼の意図したようにはならなかった。彼は自分を導く運命に結局のところ身を委ね、哲学者としての道に引き戻されることとなる。そうした彼の生を辿る前に、彼が全力を尽くして完成させた『論考』の思想を以下で見てみるとしよう。

『論理哲学論考』の思想

世紀末ウィーンとケンブリッジの思想的基礎　『論考』の思想を辿るにあたり、それをいわゆる論理実証主義の系譜とか、分析哲学の枠の中で限定して捉えるのではなく、ウィトゲンシュタインという一人の人間とその育まれた環境を背景にして捉えたみたい。どの思想も時代やさまざまな社会的環境の諸制約の下に産み出されたものである。ウィトゲンシュタインの思想も例外ではない。「私は自分が思考するさいに、私は再生的でしかないと考える時に真理があるように思われる。私は思想の運動というものを一度もつくりあげたことはない。それはいつも誰か他の人に与えられた。私が工夫したのは新しい比喩だ」（『雑想』）と彼自身が述べているように、『論考』の思想は幾重にも織りなす彼を育んだ社会的、思想的な環境に基礎づけられている。

そうした彼の思想的基盤として、すでに世紀末ウィーンの状況を取り上げてきた。彼の家庭環境、ウィーン的なもの、ウィーンのユダヤ的なもの、それらのどれもが彼の思想のなかに織り込まれている。そして英国で学び、世紀末ウィーンとは異質な生活環境のなかで交わったケンブリッジの人々との知的な交際も欠かすことができない。彼はケンブリッジでラッセル、ホワイトヘッド、ムーア、ケインズなど優れた人々と交わった。彼は恐るべき速さで彼らの業績を理解し、吸収した。しかし彼の真の関心はたんに知識や技術を修得することにあったのではない。彼の苦悩はそれを人間的な生に基礎づけることにあった。それではそのことは一体何を意味するのであろうか。このことに関して、彼と親しく交わったエンゲルマンの証言は貴重である。「ウィトゲンシュタインの思想体系は、深い個人的な体験と葛藤から生まれたもので、まったく独創的な方法によって哲学的な世界像を示すことに着手している。……ウィトゲンシュタインの問題は、哲学であって論理学ではなかったということを理解しない限り、彼の言っていることを理解できない」、「実際に『論考』のような著述が論理学だけに才能を持つ人間によってなされたということをどうして信じることができようか。その著者は、〝合理的なもの〟と同様〝非合理的なもの〟をも含めてほとんど全ての知的領域において際立った才能の持ち主であった」。エンゲルマンによれば、ウィトゲンシュタインはラッセルらをとおして論理学を学ぶが、彼の真の関心はそうしたものを越えて、美的、倫理的、宗教的なものは何かを洞察するために論理の問題に取り組んだのであった。彼の言うように『論考』がたんに論理的＝哲学的な著作であるなら、ウィトゲンシュタインはこれまで私たちが辿ってきたようなあの産みの苦しみを体験しなかったことであろう。『論考』は彼の深い生の体験と内面との葛藤から生まれたものである。

『論考』の著述においてウィトゲンシュタインが最も力を注ぎ、最も苦闘したのは生の価値の問題であった。彼は哲学的諸問題を私たち人間の生の価値に基礎づけようと激しい情熱でその解明に努めたのである。この問題は当時ウィーンの状況に照明を与えることによってより一層理解できる。こうしたウィーン的環境からウィトゲンシュタインの『論考』に直接関わる基本的な問題を取り上げたい。それはウィーンの人たちの表現への関心である。音楽、絵画、建築、演劇、文学、種々の学問はどれもが表現への努力であり、ウィトゲンシュタインの思想に集中される課題はさまざまな領域において表現されるものの意味を如何に明晰化するかという問題であり、そしてそれは生の意味、倫理的、宗教的問題に結びつけられていた。

クラウスとマウトナーの影響　こうした問題をウィトゲンシュタインに直接喚起した人として、カール＝クラウス（一八七四～一九三六）をあげたい。クラウスは鋭い洞察と風刺に対する稀にみる才能を持った評論家であり、モラリストとして知られ、ウィーンの著述家のなかでも最もウィーン的な著述家であった。クラウスの論争と風刺は人々を真に道徳的に自覚させることであった。彼には不道徳な芸術は芸術の否定であった。しかし彼の言う道徳的な価値とは道学者の説くようなものではなく、皮相的な、偽善的な道徳は自明にも道徳ではなかった。彼によれば道徳的であることは作者の意図を越え、作品に自ずと表現される。彼の語る言葉は風刺や皮肉にみち、逆説的である。彼は論争と風刺とによって偽善を暴き、作品に誠実さを要求し、芸術に道徳的価値が表現されていなければならないことを強調し、そして究極的に価値の領域と事実の領域との決定的な相違を人々に自覚させることに努力した。ウィトゲンシュタインはこうしたクラウス的なものを『論考』において受け継いでいる。彼には言語による表現は何よりもクラウス的な誠実さに基づかなければならなかった。それゆえまたそれは倫理的価値に基づくのでなければならなかった。

「ディ-ファッケル」誌の表紙　カール=クラウスが出版した。

ウィトゲンシュタインがノルウェイで哲学問題に精神を集中している時、彼が以前から読んでいたクラウスの作品をエンゲルマンに送ってもらっている。このことからでもウィトゲンシュタインが如何にクラウスに惹かれていたかが分かる。エンゲルマンは「彼がクラウスの作品に見出した思考方法は彼の哲学的活動に関して決定的で持続的な影響を与えたと私は確信する」と述べている。ウィトゲンシュタインがクラウスから受けた影響は、直接には誤解されている言葉の論理を匡《ただ》し、哲学的問題の解決にあたることに見られるが、こうした言語の批判活動を通して、失われようとしていた価値を保持しようとする点にも見られる。「クラウスは創造的な詩的体験から生まれた言語の純粋性とその生き生きとした力において汚れない人々によって用いられる言葉の単純な形式とは近縁関係にある言語の純粋性を保持しようとした」とエンゲルマンは言っているが、ウィトゲンシュタインはクラウスのこの精神を逆説的な仕方で、つまり最も大切で、保持しなければならないものを哲学から追放することによって、実行したのであった。クラウス主義者としてエンゲルマンはアドルフ＝ロース（一八七〇～一九三三）、アーノルト＝シェーンベルク（一八七四～一九五一）、それにウィトゲンシュタインを挙げるが、ロースは建築と設計において、シェーンベルクは音楽において、ウィトゲンシュタインは哲学においてクラウスの着想を受け継いでいたからである。彼らは皆表現の論理を徹底的に追求し、そのことによって私たちにとって最も大切なものを保持しようとし、それぞれの専門領域でその課題を果たした。

　ウィトゲンシュタインと同じくユダヤ人で、もともとジャーナリストであるフリッツ＝マウトナー（一八四九～一九二三）の「言語批判」の思想も『論考』の先駆的思想の一つである。彼の立場は徹底した唯名論に基づいており、彼は全ての哲学の問題は言語の問題であると主張する。彼はカントに倣《なら》い、「哲学は認識論であり、認識論は言語批判である」と主張するが、彼の立場は基本的に懐疑論である。したがって彼の言語批判は、カントの理性批判が目指した普遍的、必然的な知識つまりア-プリオリな知識の可能性の確立を目指したように言語の普遍性を確立することにあったのではない。彼は言語を文化の「感覚中枢」と呼んでいるが、それは言語が文化生活にとって必要であり、社会生活の記憶であり、習慣を表現したものであるからである。マウトナーに従えば、言語が習慣を表現したものであるので、言語は客観的に実在を表現できず、私たちは言語の普遍性を主張できないのである。このようにして彼は懐疑論を主張している。

ウィトゲンシュタインが『論考』で取り組んだ方法はマウトナーの方法とは違っているし、基本的な哲学的立場も異なっていた。しかし彼の問題意識と辿り着いた結論はまさにマウトナー的精神と通じていた。マウトナーは言語批判をとおし、私たちに無知の知の自覚を促がし、そして言語によって表現されえない沈黙の世界が存在することを主張する。そしてまたマウトナーの言語批判は言語の限界を設定するが、そのことにより彼は言語によって表現されえない感情が存在することを強調している。その感情が無知の知の自覚であり、聖なるもの、美なるものとの交わりの感情である。これはすでに指摘した、誠実さ、価値を追求してやまないクラウス的精神と通じ合っており、ウィトゲンシュタインが『論考』で最も主張しようとしたことであった。

私たちは『論考』の思想を理解するにさいして、その思想にはさまざまな要素が入り組んでおり、『論考』はそうした要素の複合体として受け取ることができる。しかしこのことはどの偉大な思想にも共有した特徴である。ある思想が深みを有し、私たちを強く惹きつけるとすれば、その思想はさまざまな思想を包含しているのであって、思想家の文化的、思想的環境から独立して産み出されるのではない。その意味からして、『論考』の思想形成に寄与しているさまざまな文化的、思想的基盤についてもっと多くのことを語る必要があろうが、ここではミニマムなものにとどめた。

『論考』の課題

『論考』の序文でウィトゲンシュタインは「本書の核心はおよそ語りうるものを明瞭に語り、そして語りえないものについて沈黙しなければならないという言葉で捉えることができよう」と述べ、『論考』の課題を言語の論理の誤解に基づいて設定された哲学的諸問題の解決に求めている。また「本書は思考に対して、否むしろ思考に対してではなく、思考の表現に対して限界を引こうとする」と述べ、彼は『論考』の課題が思考の表現にあることを強調している。そして言語の正しい論理構造を明らかにするために、『論考』は「言語批判」を標榜し、前節に述べたウィーン的な文化的思想的環境を背景として、さらにフレーゲやラッセルらの数理論理学の研究に基づいた論理学の立場に立って言語批判を遂行し、世界、思考及び言語の論理構造を明らかにし、世界の本質の記述に努めている。

ウィトゲンシュタインにとって哲学の課題は何よりも語り得ることを明瞭に語り、それを記述することである。「哲学の目的は思考の論理的浄化である。哲学は教説ではなく、活動である。哲学の仕事は本質的に解明からなる。……哲学はそのままでは濁っていて輪郭のはっきりしない諸思考を明晰にし、はっきりと限界づけるのでなければならない」(4.112、この数の表示は『論考』の命題のことである。『論考』は次の節に示したように、七つの章からなっており、一つ一つの文章に数字が表示されている。慣例に従って表記した。以下同じである)のであって、「哲学の正しい方法とは、本来的に語り得ること、それゆえ自然科学の命題以外のことを何も語らないこと――それゆえ哲学と何の関係もないことを語らないこと――にあろうし、それに誰か他の人が形而上学的なことを語ろうとする時はいつもその人に対してその人が語っている命題の記号には何の意味も与えていないことを指摘することにあろう」(6.53)。哲学がその課題を果たした時、哲学的諸問題は解消する。しかしこのことによって語り得ないものが存在することが示される。きわめて逆説的な言い方でウィトゲンシュタインは『論考』の課題は究極的に語り得ないものの存在を指摘し、それに沈黙を促すことにあると主張するのである。

『論考』の構成

『論考』、つまり『論理哲学論考』(Tractatus Logico-philosophicus)の原題はラテン語で書かれており、スピノザの『神学政治論』(Tractatus Theologico-politicus)にならったものとされ、『論考』はスピノザの『エチカ』の構成のスタイルにどちらかといえば似ている。しかし『論考』はウィトゲンシュタイン独特のスタイルでもって用意周到に、精致に構成された体系的な書である。文体も徹底的に練られ、簡潔で、洗練されている。『論考』は、普通の書物とは違った叙述形式をとり、章立てには全てパラグラフ-ナンバーがつけられており、それにはしばしば一つの文章しか含まれていないこともある。全体としては七十数頁の小冊子であるが、叙述のスタイルが推敲に推敲されており、それゆえあまりにも簡潔で、実例を引合にすることや無駄な文章を避けているために、かえって難解にしている。しかし『論考』の難解さは、無論こうした構成

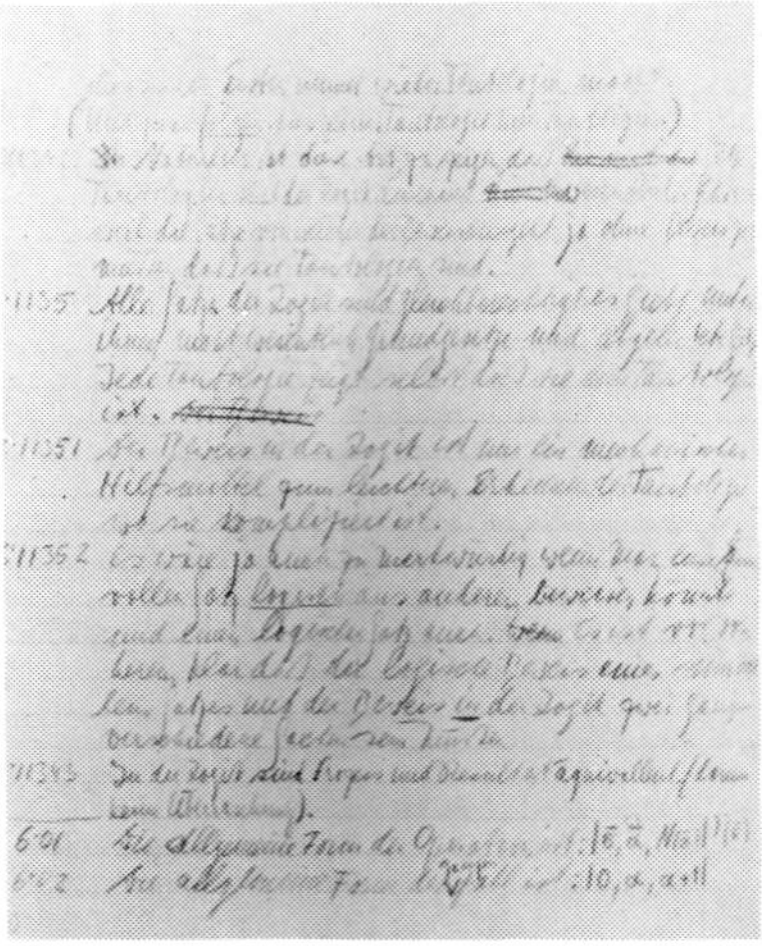

『原論理哲学論考』の原稿　7には「語り得ないことについては、沈黙しなければならない」と書かれている。

のスタイルだけにあるのではなく、その思想そのものの深さにあるのである。ところで『論考』の章立ては次の七つから構成されている。

一　世界は成りたっている事柄の全てである

二　成り立っていること、つまり事実とは諸事態の存立である

三　事実の論理像が思想である

四　思想とは有意味な命題のことである

五　命題は要素命題の真理函数である

六　真理函数の一般的形式は、$[\bar{P}, \bar{\xi}, N(\bar{\xi})]$ である

七　語り得ないことについては、沈黙しなければならない

「世界」とは何か

『論考』はまず最初に「世界」の何かを規定し、「世界」の構成体を規定している。「世界」とは「事実」と呼ばれる実際に成り立っている事柄の全てである。つまり「世界」は「事実」の総体である。世界を構成している「諸事実」はそれ以上分析されない

単一の「事実」から成る。この単一の「事実」は「事態」と名付けられる。「事態」は、相互に独立していて、一つ一つの「事態」は諸対象（諸事物）の結合したものから成り立っている。さらに「事態」には「存立している事態」と「存立していない事態」とがあり、「事態が存立している」というのは、現実においてある事態が起こっているということであり、「事態が存立していない」というのは、現実に事態が起こっていないということである。

最初にあげた命題「世界は成り立っている事柄の全てである」というのは現実の世界についての規定である。しかし「世界」は現実の事態ばかりではなく、可能的な事態をも含んでいる。言い換えれば、ウィトゲンシュタインは「世界」をたんに現実に記述される世界としてではなく、「論理的空間において把握しているのである。「論理において何ものも偶然ではない。ものが事態に現れ得るなら、事態の可能性はものにおいてすでに予め決定されていなければならない」（2.012）、「論理的空間における諸事実が世界である」（1.13）と述べて、彼は「世界」を論理的空間における論理的形式、つまり言語によって表現されるものとして捉えている。

写像理論

ここで語られる言語とは、全ての言語に共有する論理的構造であり、全ての言語に共有する論理的文法と論理的構文論に従った言語のことである。直接には記号言語のことが想定されている。それは多義的で、曖昧《あいまい》な言語を含まない言語で、それゆえ一定の、明晰な仕方で表現される命題の体系のことである。

命題は世界における「事実」を表現したものであり、それゆえ命題は実在を写した像、つまり写像である。どの命題も実在を写像したものであり、そうした命題の総体が言語である。したがって言語は全実在(世界)の写像であり、言語によって表現されたものが実在の像である。このようにして『論考』は言語と実在との関係が写像関係にあることを主張し、写像理論を展開している。言語が実在を表現できるのは、彼に従えば実在と言語とは同一の論理的形式を持つからである。

実在と言語は写像関係にあり、同一の論理形式を持つ。それゆえ世界の構成要素に対応して、言語もその構成要素を持つ。「事態」に対応するのが「要素命題」で、「事実」に対応するのが「複合命題」である。そして「対象」に対応して「名辞」が割り当てられる。「要素命題」は「名辞」からなるが、それはもはやそれ以上分析不可能な単一の基礎命題である。「複合命題」は「要素命題」からなり、「要素命題」をとおして理解される。「名辞」は「対象」を指示するが、命題においてのみ「対象」を指示し、単独では指示できない命題の構成要素である。

真理函数論

命題の基本的要素が「要素命題」である。「要素命題」は「事態」の像であり、「事態」を写像しているということは、「事態」が実際に成り立っていることを表現しているということである。つまりある事態が存立しているということは「要素命題」が「真」であるということであり、ある事態が存立していないということは「要素命題」が「偽」であることである。『論考』に従えば、「要素命題の真理可能性は、事態の存立と非存立の可能性を意味している」(4.3)のであり、「要素命題が真の時、事態は存立する。要素命題が偽の時、事態は存立しない」(4.25)。したがって「世界」を完全に記述するには、全ての「要素命題」を挙げ、それらのどの命題が真であり、偽であるのかを示せばよいのである。

ウィトゲンシュタインに従えば「要素命題」は言語を構成する基礎命題で、そのほか多くの複合命題がある。この複合命題は全て「要素命題」から組み立てられ、それらの命題の全ての真理条件(命題の真あるいは偽)は「要素命題」の真理条件に依拠するのである。つまり命題は「要素命題」の「真理函数」である。例えば「太陽が東の空から昇り、谷間にはせせらぎの音が聞こえる」という命題を引合にしよう。これは要素命題ではなく、複合命題である。この複合命題の真理条件は、「太陽が東の空から昇る」という要素命題と「谷間にはせせらぎの音が聞こえる」という要素命題の真理条件に依拠する。例えば前者の命題が実際には真で、そして後者の命題も真であれば、この複合命題は真である。前者の命題が真で、後者の命題が偽の時、この複合命題は偽である。その他の場合は全て真である。このようにして複合命題の真偽の条件は、複合命題を構成する要素命題の真偽の条件に依存する。

要素命題は実在の像を表現するので、ある要素命題が真であるか偽であるかは予め決定することができない。個々の事例に応じて実際に経験的に照合するしかない。ウィトゲンシュタインは論理学の体系を実在(世界)に適用するにあたって、論理的に恒真命題及び恒偽《こうぎ》命題と要素命題とを区別し、要素命題によってのみ「世界」の記述が可能であると考え、正しい「世界」の記述のために真理函数論を展開しているのである。

世界の限界と言語の限界

『論考』が記述する「世界」は真なる命題の総体である。真なる命題は事態の存立を主張している命題であり、それはすでにみてきたように要素命題のことである。この要素命題は正確に言うと自然科学の命題のことである。したがってウィトゲンシュタインが記述しようとする「世界」は自然科学の世界である。彼はこの自然科学の世界に論理を透徹《とうてつ》させる。この世界に論理が透徹している限り、この世界には論理に矛盾するものは何一つ存在しない。この世界における全ての事態は明晰に語られ、解明されうるのであり、謎は存在しないのである。

「論理は世界を満たしている。世界の限界は論理の限界でもある」(5.61)。世界には論理が満たされているが、それは世界という限界内において満たされているのであって、論理は世界を越えて適用されない。その意味で「論理は、教説ではなく、世界の鏡像である」(6.13)。言い換えれば論理は世界と形式を共有して、世界を写し出す像であり、世界を内側から写像している。したがって世界の限界は論理（言語）の限界でもある。

『論考』の課題はこうした限界の確定化にある。そのさい注目しなければならないのは、『論考』が思考の批判を目的としているのではなく、思考の表現に限界を定め、この限界を言語のなかに引いているということである。この点に『論考』の果たした大きな意義があるのである。ところで思考可能ということは思考したことが表現できるということ、つまり語られうることを意味する（思考とは実在の論理的像である）。したがって思考は言語において捉えられ、限界づけられ、思考の表現の限界は論理の限界であり、論理の限界は世界の限界なのである。

ソリプシズム

『論考』が私たちに示した世界は明晰に語られる世界であり、論理つまり言語によって限界づけられる世界である。しかしここでウィトゲンシュタインはあらためて世界とは何かと問い、「世界は私の世界である」（5.62）と答える。そして彼は「世界は私の世界であることをとおして、私（das Ich）が哲学に入ってくる」（5.641）と述べ、彼は世界を見、言語によって表現する主体のことを取り上げる。「世界は私の世界である」ということは、「私」が見、捉える限りにおいて世界が見られ、捉えられることを意味する。したがって「世界が私の世界であることは、言語の限界（私だけが理解する言語）が私の世界の限界を意味するということに示される」（5.62）のであり、私の言語の限界が私の世界の限界を意味する。しかし他方で、彼は「私は私の世界である」（5.63）であると主張している。この主張は「私」という主体が世界に属さないこと、主体が世界のなかになく、世界を超越していることを意味している。したがって、この主体が把握する限りで、世界が把握されているのであるから、世界はソリプシズム（独我論）の立場から捉えられているのである。このようにしてウィトゲンシュタインはソリプシズムを主張し、「ソリプシズムの言っていることはまったく正しい。ただそのことは語られず、自ずと示される」（5.62）と述べ、ソリプシズムの立場に立ち自らの主張を基礎づけている。

ソリプシズムをめぐってさまざまな解釈がなされているが、一つの興味深い解釈に『論考』の立場を「超越論的言語主義」と呼んだステニウスの提案を受け入れた西ドイツの哲学者シュテークミュラーの解釈がある。彼に従えば『論考』の思想は、本質的な面で幾つかが異なっているが、原理的にカントの超越論的観念論と一致する。ウィトゲンシュタインはカントの超越論的観念論を理性の領域から言語の領域へと転換した。二人は、その方法が違ってはいるが、「世界（経験）の可能性の条件」が問題であった。カントの場合は主体は時間及び空間の形式を直観し、悟性のカテゴリにおいて思考する。ウィトゲンシュタインの場合は、主体は論理的に正確に言語を理解し、思考を表現するのである。ここで主体は私の個人的な自我を指すのではなく、その言語が可能的世界の論理空間を定める超越論的主体を指している。その意味でシュテークミュラーに倣ってウィトゲンシュタインの場合も、カントと同様に主体を超越論的主体と受け取ることができる。ウィトゲンシュタインの立場からすれば、主体が世界を把握し、限界づけているのであり、したがって主体は言語、世界の限界を越えたものであり、主体それ自身については語ることができないのである。彼によれば私たちは主体について語り得ず、主体が自らを示すのである。

「語り得ず、示されるもの」

『論考』は言語批判をとおして語り得ないが、示されるものがあることを明らかにしようとしている。このことが『論考』を難解にしているのである。彼は完成した『論考』の原稿をラッセルに送ったのであるが、ラッセルはそれを読み、ウィトゲンシュタインに質問の手紙を出す。その手紙に対して、彼は次のように返事を書いている。「それに論理に関して書くことは私にとって如何に大変なことかをご承知のことと思います。このことはまた私の本が何故あのように短く、そしてその結果としてあのように分かり難いのかということの理由でもあります。しかし私にはそうする他はなかったのです。――ところであなたは私の主要な論点を本当に把握されていないのではないでしょうか。論理的命題に関する作業は私の主要な論点からすればたんに付随的なことにすぎません。主要な論点は、命題によって――すなわち言語によって――表現し（語り）得るもの（そして同じことですが、思考し得るもの）と命題によって表現され得ないで、ただ示され得るものについての論究なのです。この論究こそ哲学の中心問題だと信じます」。この手紙に書かれているように、ウィトゲンシュタインが『論考』の主要な論点で、哲学の中心問題であると考えているのは、語り得ない（表現し得ない）で、ただ示されるものの何かについて論究である。

「示され得るものは語り得ない」（4.1212）のである。また「語り得る」ことと「表現し得る、描写し得る」こととは同じことを意味する。「語り得ないで、ただ示されるもの」として「論理的形式」、「ソリプシズム」、「世界は私の世界である」、「世界の限界」、「主体」、「倫理」、「神秘的なもの」などが挙げられる。「語り得ないで、ただ示されるもの」はウィトゲンシュタインにとってきわめて重要な意味を持っているのである。その理由を考察するとしよう。

倫理の書

ラッセル宛の手紙に「論理的命題に関する作業は私の主要な論点からすればたんに付随的なことにすぎません」と書かれているように、彼は『論考』において精力的に「論理的命題」に関してスペースの大半を費やしているが、その自分の作業を付随的なことと考えていた。また彼の『論考』執筆の真意を伝える資料として「デァーブレンナー」誌の編集者フィッカー宛の書簡がある。そこで彼は『論考』の仕事が「そこで書いたこと」と「そこで書かなかった全てのこと」との二つの部分から成っており、「そこで書かなかった全てのこと」が重要であると書いて、『論考』が倫理の書であることを強調している。「つまり私の書物を通して倫理的なものが内側から限界づけられています。そして私はそれがただそのようにしてのみ限界づけられると確信します。簡潔に言えば、今日多くの人たちが駄弁をろうしていること全てに沈黙を守ることによって、私はそのことを私の書物において確定したものと信じます」。

『論考』は最後の章七「語り得ないことについては、沈黙しなければならない」という一行で終わっている。その意味はいま挙げたラッセルやフィッカー宛の手紙で説明されているが、ここで『論考』ではどのように論じられているのかを「倫理、つまり価値」の問題に焦点を合わせて見てみたい。『論考』に従えば、倫理的なもの、価値的ものは命題ではない。「倫理的なもの、価値的なもの」と「命題として表現されるもの」とは区別される。すでに述べたように、命題は世界の出来事、つまり「事実」を表現したものであり、自然科学の命題のことである。それに対して「倫理的なもの、価値的なもの」は世界における出来事ではない。価値は世界には存在せず、世界の外にあり、超越的なものである（倫理とか美も同じく超越的なものであり、神も『論考』では直接に触れられていないが、そうである）。このように『論考』は世界の出来事と世界の外にある価値とに分け、そして前者を事実の領域とし、後者を価値の領域として、「語り得る」領域と「語り得ない」領域とを画定している。この二つの領域の画定はカントの理論理性の領域と実践理性の領域とに対応する。カントは実践理性の領域を理論理性の領域とのアナロジーにおいて語った。ウィトゲンシュタインはカント的な意味において「価値の領域」のあることを示すが、しかしそれを「事実の領域」とのアナロジーで語ることを徹底的に拒否した。

何故語ることを拒否したのであろうか。その理由についてエンゲルマンは次のように述べている。「彼の努力は語り得ないものを語ることにより、それを守ろうとする哲学の企てに対して向けられている」、「彼自身はここで危険になっており、そして守らなければならなくなっている価値の存在を予知し、それを大切に取っておいている。しかし彼はマジノ線（アンドレ゠マジノの発案により、築かれた独仏国境の要塞線、ここでは自然科学の攻撃に備えて築く哲学側の要塞の意味）には反対する。それを無駄だと考えるからである……彼は境界を人文科学と自然科学との間の境の砦として人間の知識の領域を渡って線を引くのではない。その領域の背後において語り得るもの全てと語り得ないものとを分けるのである」、「彼は超越的なもの、形而上学的なものの領域について無意味だと述べる。そしてその命題を論理的な基礎の上に据える。このような仕方で彼は超越的なものに対するあらゆる攻撃を不可能にするが、同時に超越的なものを語ることによってそれを守ろうとする全ての企てもまた挫折させるのである」。

エンゲルマンの上述の言葉は『論考』の思想の核心をついており、価値について何故ウィトゲンシュタインが語らなかったのかの理由を示している。私たちは価値ある人生を求め、価値の何かについて言葉の限りを尽くして、それを語ろうと努めている。しかし彼はそうした私たちの努力に対して希望なき企てだと考えた。エンゲルマンは次のように述べている。「彼が論証しようとしたことは〈語り得ないものを語ろうとする〉ような人間の思想の努力が私たちの永遠の形而上学的欲求を満たそうとする希望なき企てであるということなのである」。

生の価値と沈黙

これまで価値は事実ではないゆえに語り得ないということを繰り返し述べてきたが、この「語り得ないもの」の根は深い。「世界が如何にあるかが神秘的ではない。世界が存在することが神秘的である」(6.44)、「世界が如何にあるかは、より高貴なものにとってまったくどうでもいい。神は世界の中には啓示しない」(6.432)、「語り得ないものが存在する。それは自らを示す。それは神秘的である」(6.522)。これらの言葉においてウィトゲンシュタインが主張しようとしているのは次のことである。まず「世界の如何に」を語ったとしても、「世界の何か」はまったく語られないままになっている。語り得ないものが厳然として存在する。その存在の事実こそ神秘的であるということである。

神秘的なものはそれ自体言語において示され得ない。それはただ直観されるだけである。「永遠の相の下での世界の直観は――限界づけられた――全体としての世界の直観である。限界づけられた世界の感情が神秘的である」(6.45)。この直観及び感情は語られるものではなく、自ずと示される。この神秘的なものの感情に価値の根拠がある。ウィトゲンシュタインが『論考』の著述にさいして、恐らくは最も苦闘したことは価値についての問い全体に答えを見出すことにあったに違いない。価値、人生にとって最も大切なものは、事実の世界を語るのと同じようには決して語り得ないということを自覚しながらもなお価値を求めるとすると、それはもう沈黙する以外にない。真に語らなければならないものを持つ時、私たちは沈黙を余儀なくされるということが「語り得ないことについては、沈黙しなければならない」に示されている。

III 過渡期の思想
――生の探究と哲学への復帰

ケンブリッジを流れるカーム川

ウィーンへの帰郷

失意の帰郷と姉たちの配慮　一九二六年四月、ウィトゲンシュタインは学校教師を辞め、ウィーンに帰ってきた。その時彼は失意のどん底にあった。この頃の彼はそれまで書いていた友人や知人にも手紙一つ出していない。六月には母親のレオポルディーネが亡くなった。姉たちをはじめ周りの人たちは彼が再び哲学に復帰することを望んだ。しかし彼が哲学に再び戻るには時間がかかった。彼は修道院に入ることを真剣に考えたのであったが、修道院の院長が入ることを思いとどまらせた。彼は夏にウィーンの近郊ヒュッテルドルフにある修道院の庭師の仕事の手伝いをした。彼の修道院に入るという関心はこの時ばかりではなく以前からあった。このことは如何に彼が神に関心をもち、倫理的な生を送ろうと努めていたのかということの証明である。ところで失意のどん底から立ち上がり、彼の修道院入りを決定的に諦《あきら》めさせたのは姉マルガレーテ＝ストンボロウ夫人の邸宅建築であった。

ウィトゲンシュタインがストンボロウ氏邸宅建築に携わるようになったのはマルガレーテが建築家として評判の高かったウィトゲンシュタインの友人エンゲルマンに設計を依頼したことに始まる。

マルガレーテは、父カールがウィーンの音楽家や文化人たちと交わったように、ウィーンの著名な文化人たちと交わった。画家グスタフ＝クリムトは彼女の肖像画を描いており、また彼女は彫刻家ハナックのモデルにもなっている。マルガレーテは弟ウィトゲンシュタイン（ルートウィヒ）の面倒を見て、幼少の時からいろいろ影響を与え、ルートウィヒとは衝突することもあったが、終生彼と親しかった。彼女は知的で、気が強く、社交的であった。ルートウィヒの捕虜収容所からの釈放は彼女の尽力にもよる。そしてルートウィヒが教員養成学校に入るのも彼女の紹介によっている。長姉ヘルミーネは、クリムトに傾倒し、クリムトを指導者とするウィーンの前衛芸術家たちの分離派運動に父カールから資金を出させたりして、熱烈に協力し、ウィトゲンシュタイン家にこうした若き芸術家たちが出入りすることになったのも彼女の存在による。彼女は画家であって、ルートウィヒ思いの優しい姉で、彼は生涯彼女を慕い、彼女は弟のことをことあるごとに心配し、相談にのった。

マルガレーテの素描
クリムト筆

ルートウィヒは、いつもこうした姉たちの優しい思いやりを受けていた。彼がマルガレーテの邸宅建築に没頭することになったのも、弟思いの姉たちの配慮からであった。

建築家の誕生

マルガレーテはルートウィヒに住宅建築を手伝わせた。住宅建築の許可申請の最初の書類には設計者としてエンゲルマンと彼が名を連ねている。しかし後に提出した書類には彼だけが建築家ルートウィヒ=ウィトゲンシュタインと署名し、ここにたった一つの住宅しか建築しなかった建築家が誕生した。「私は結局、彼が私よりもマルガレーテ(ストンボロウ夫人)の意向をずっとよく捉えているという気持ちになったのです。……それに彼は教師を辞めた後、精神的に非常に危機の状態にあったので、私は一緒に建築をしようと提案しました。彼は長い間考えた末承諾しました。この救助策は彼にとってもこの建物にとってもとても幸運でした。当時彼は教師であった時よりもさらに貧しい彼独特のまったくの貧困生活をしていました。彼はこうした自分自身の生活態度を変えることなく、相変わらず厳しい精神的態度と禁欲的生活をしてはいましたが、完全に彼女のスタイルに合わせてクントマン通りの家を設計し、完成させたのです」(エンゲルマンの手紙から)。この手紙のなかにウィトゲンシュタインがストンボロウ家の邸宅建築に携わるようになった有様がよく書かれている。エンゲルマンはこの建物の建築中ウィトゲンシュタインと共に設計事務所で仕事をし続けるが、ウィトゲンシュタインはすっかり熱中し、独りでこの建築に取り組んでいくことになった。

姉ヘルミーネは彼が熱中して取り組んだ有様を書いている。「ルートウィヒはこの建築の設計と設計図に熱烈な関心を持ち、それらを変更し始め、そしてますます一層熱中し、とうとう完全にそれに打ち込んだのです。エンゲルマンはこの強烈な個性の持ち主に譲らなければなりませんでした。それからはその建物はごく細部に至るまでルートウィヒが変更した設計と彼の監督のもとに建てられたのでした。ルートウィヒは窓、ドア、窓の差し金、暖房器の全てをあたかも精密器具のように制作し、また彼は妥協を知らないエネルギーでもって仕事をやり遂げ、諸々の事柄にも同じような精密さでもってあたったのでした。私は錠前屋が彼に鍵穴について、次のように尋ねている有様を今も思い浮かべることができます。〃ね、技師さん、本当に一ミリが問題なんですかね〃、そして彼が話を全部言い終える前に、エネルギッシュな、大声で〃そうだ〃という返事がかえってきて、錠前屋は驚いた様子でした」(「弟ルートウィヒ」)。ヘルミーネは弟の建築の仕事の有様について他にもいろいろと語っている。ほんの一ミリの長さにも敏感であった彼の精密さ、彼は精密さのためには時間も金も惜しみなく使った。姉たちは、彼に思い通りに仕事ができるようにさせ、精神的に非常に打ちひしがれた弟の精神療法になってくれることを強く望んだのであった。彼はこの仕事に没頭し、全力を尽くし、この建物を完成させた。

ウィトゲンシュタインの建築した家

論理学になった家と少女頭部像

ヘルミーネはこの建物について次のように語っている。「私はその家を非常にすばらしいと感じますが、でも私自身がそこに住みたいと思いませんし、住むことができないということもいつも知っていました。私のような死すべき小さな生きもののための住み家ではなく、神々の住み家であるように私には思われるのです。そして私はこの完全さと偉大さに対して〝論理学になった家〟と名付けたのですが、その家に対してかすかな内的な抵抗に打ち勝たなければなりませんでした」（前出書）。この建物は、彼女には住みたいという気持ちを抱かせないほど完全な建物に映じたのであった。この建築はまた建築家たちを惹きつけ、彼らの高い評価を得たのであった。「建物の外形は立体形で、アドルフ＝ロースの建築の一つを思い起こさせる。しかしながらその内部は二〇世紀の建築史においてユニークである。あらゆる面で新しい考えが取り入れられている。そこには何一つ直接的にほかのものから受け継いでいない。建築の伝統からも、どの専門の前衛的建築からも受け継いでいない」というライトナの評がある（ライトナは一九七一年にこの建物が売られ、取り壊しが決定的になった時、この建物の保存と文化財指定を訴えたオーストリアの新聞のキャンペーンにさいして、これを記録に残すために、この建物の設計図を始め、建物の全景からドアの取っ手に至るまで詳細に記録した『ルートウィヒ・ウィトゲンシュタインの建築』という本を著している。幸いこの建物は取り壊しを免れて、現在ブルガリア大使館付属の文化会館として利用されている。内部装飾などが施され、一部変えられているが、しかし基本的にはウィトゲンシュタインの制作を生かしている)。

この建築の仕事に携わっている間に、ウィトゲンシュタインは捕虜収容所で知りあったウィーンの彫刻家ドロービルのアトリエに出入りし、そのうち彫塑を始め、少女の頭部像を制作した。その像は現在彼が建てた建物の一室に置かれている。この像の制作もまた彼にとって決して余技ではなかった。彼は文字通り全力を打ち込んで制作にあたった。この時期に作られた二つの作品、つまりストンボロウ氏邸宅と少女頭部像には『論考』の作品に劣らず、彼の魂が込められている。私にはこれらの作品を前にし、彼の哲学作品のことに思いを巡らした時のことが記憶に甦ってくる。私はエンゲルマンの言うように、あるいはジャニクが指摘するように、ウィトゲンシュタインがロースからどのように影響を受けたのかを知ろうとして、ウィーンの住宅街に何日もかけてロースの作品を探し求めた時のことを思い起こす。確かに外形とそして内部の簡素にして、実際的な住いの機能を重視している点で二人の作品に共通性が見られた。しかしロースの作品は一切の装飾が排除されているとは言え、ウィトゲンシュタインの作品ほど徹底していなかった。ウィトゲンシュタインの作品は彼の哲学の背景なしには理解できないように思われた。

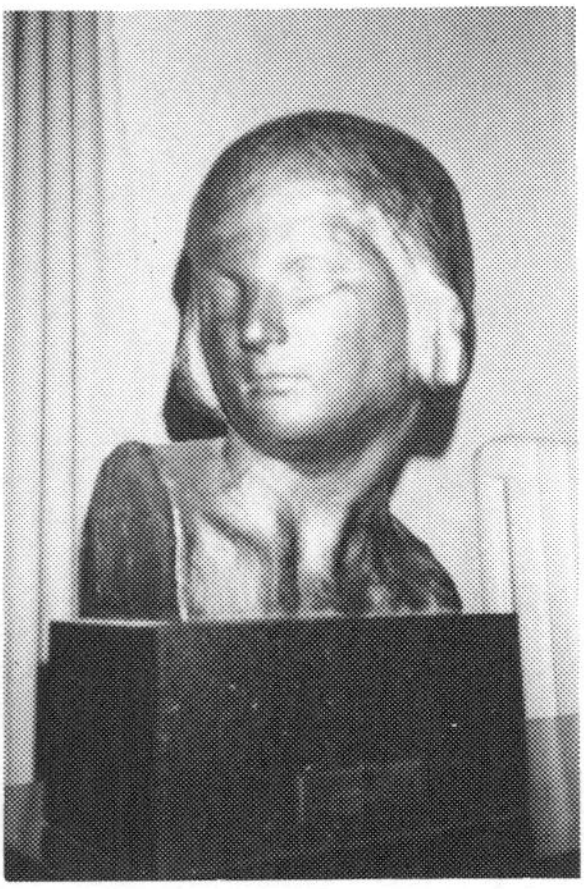

少女の像

シュリックとの交際

ウィトゲンシュタインは『論考』を完成させた時点で、それに全てを賭け、自分のできることを全て言い尽くしてしまったと考え、それ以上哲学する必要性を認めず、哲学からまったく離れてしまったが、『論考』の出版はケンブリッジやウィーンで反響を呼んだ。そして彼の哲学への復帰を望む人々が次第に多くなった。まずケンブリッジの彼の友人、知人からの誘いがあった。ラムゼイの訪問がその一つであったし、ケインズも熱心に誘った。しかし彼は断った。その理由は次の手紙にみられる。「あなたは私が再び学問に取り組むことができるために、何かできることがないかと言ってくれていますが、しかし何もないのです。といいますのは私自身そのようなことに携わることにはもはや何らの強烈な内的な衝動を持っていませんし、それに関して泉が枯渇してしまっているからです」(ケインズ宛の手紙)。またウィーンでも、『論考』は大いに議論を呼んでいた。ウィーン大学のモーリッツ=シュリックからは、同じく教師時代に、会って話をしたいという丁重な手紙を受けた。「あなたの『論考』の賛美者として私はあなたと知り合いになりたいという意向をずっと長い間持っていました」という書き出しで始まり、「哲学研究室で冬学期にはいつも論理学と数学の基礎に関心を持つ同僚と優秀な学生と会合を開いています。このサークルであなたのお名前がしばしばでます。同僚の数学者ライデマイスター教授があなたの業績を紹介する講義をして、私たち全員に深く感銘を与えたのですが、それ以来なのです。またここにはあなたの基本的思想の重要性と正当性を得心している人たち――私自身もその一人です――がいます。私たちはあなたの考えを協力して広めたいという強い願いを持っています」としたためた。ウィトゲンシュタインはこの手紙に好意を持って返事を書いている。しかしシュリックはウィトゲンシュタインの教師時代に僻村に彼を訪問したが留守で、二人は会う機会に恵まれなかった。ウィトゲンシュタインはウィーンに戻ってきてからも建築に没頭し、シュリックに会う気持ちになっていなかった。二人の仲をとりもったのが、ウィーンの社交界及び知識階級に顔なじみのストンボロウ夫人（姉マルガレーテ）であった。

彼女はシュリックを昼食に招待した。それからウィトゲンシュタインとの交際が始まった。彼はシュリックに大変好感を持ち二人は急速に理解し合うようになった。それはシュリックに聡明さ、教養の豊かさ及び人柄の良さがあったからである。最初彼はシュリックとだけ会うことを条件に会合に応じたが、幾度かの会合を重ねているうちにシュリックのサークルの人たちとも会うことに同意し、ウィーン学団の人々との接触が始まった。

ウィーン学団

ここで二〇世紀の代表的な哲学運動の一つである論理実証主義の母胎となったウィーン学団について、簡単に紹介しておこう。ウィーン学団は、一九二四年シュリックの指導の下で、木曜日開かれていた夕会につけられた名称である。これは、もともと第一次世界大戦以前に物理学・数学、社会科学や哲学などを専門とする若き学者たちが集まって、毎週木曜日にウィーンのコーヒー店で科学哲学の問題を中心に討論をしていたことに始まる。マッハの実証主義が主として討論を賑やかにし、ヘルムホルツ、アインシュタイン、ポアンカレ、ヒルベルト、ラッセルなどが取り上げられた。ここに参加した人たちがシュリックのウィーン大学の「帰納科学哲学講座」教授就任を機会に彼のもとで木曜夕会の談話会を催すこととなり、一九二九年には機関誌「エアケントニス」を発刊し、それが論理実証主義運動の拠点となった。それには、ハーン、フォン＝ミューゼス、フランクなどの人たちに加え、カルナップ、ライヘンバッハ、ワイスマンなどが参加していた。

『論考』はライデマイスターの紹介以来このグループの人々に熱心に読まれ、詳細に検討され、彼らに感銘を与えていた。しかし『論考』の全思想が理解され、感銘を与えたのではなかった。彼の数学的論理学の問題が彼らの主要な関心であった。ウィトゲンシュタインの言う「語り得る」ことの問題が彼らの関心の的であり、「語り得ない」ことに関する叙述は神秘的で、彼らの理解を越えていた。彼らはウィトゲンシュタインと話し合うことを望んだ。しかし彼はなかなか承諾しなかった。ただシュリックとごく親しかった人たちがシュリックとの会合の時に同席するのを認めた。その会合では彼は学問の話よりも、タゴールの詩の朗読などの方を選んだ。それでも彼は学問の話をしだすと、すっかりそれに熱中したのであった。シュリックはウィーン学団の談話会に熱心に誘ったが、「決して学問の話をしない」という約束で、一度それに応じたことがあった。しかし彼がそれに参加したかどうかは確かではない。

ブロウエルの講演の刺激

この間、彼は数学者ブロウエルの講演を聞いたことがあった。彼は気乗りしないままワイスマンとファイグルに薦められてブロウエルの講演に出席したのである。ブロウエルの講演は「数学、科学、言語」についてであった。この講演がウィトゲンシュタインに大変刺激を与えた。一緒に出席したファイグルは、「講演終了後、ウィトゲンシュタインとコーヒー店に入った時、大変なことが起こった。彼は突然非常に弁舌爽《さわ》やかに哲学を語り始めた――しかも長時間にわたって。恐らくこのことが転機となり、彼は一九二九年にケンブリッジ大学へ移り、それから再び哲学者になって、途方もない影響力を発揮し始めた」(ファイグル、「アメリカのウィーン学団」)と書いている。ブロウエルの講演の内容についてはよく分からないが、彼はブロウエルの数学及び論理学の基礎づけ方にいたく刺激を受けたようであった。ブロウエルの見解は数学や論理学が人間的諸活動の主要な機能形成に働き、それゆえそれらは人間の生への意志に起源を持つというのであった。これは『論考』とも共通する見解であり、ウィトゲンシュタインがブロウエルの見解に共感したことが推察される。

この講演を聞いたのは一九二八年三月のことで、彼はまだストンボロウ氏邸宅建築の最中のことであり、これを契機にして彼が直ちに哲学に復帰したのではない。またブロウエルの講演が彼に刺激を与えたのは事実だとしても、それが決定的であるというのはたんに推測の域を出ない。それ以前にケンブリッジの友人や知人から誘いがあったし、彼自身以前からケンブリッジ行きを考えていて、その時期を待っていたのであった。その年の一一月に建物が完成した。彼は建物が完成すると、ケインズに「ここ二年間すっかり没頭していた私の家が完成したばかりです。いまはしばらく休養を取るつもりで、当然ながらできるだけ早くあなたに再びお会いしたい」という手紙を送っている。しかしこの訪問は、彼の健康上の理由で延期され、実現したのは翌年の一月であった。このケインズ訪問が彼の哲学への復帰となった。

再びケンブリッジへ

哲学への復帰と学位取得

ケンブリッジではケインズが待っていた。ここで彼はトリニティーカレジに再入学し、まず大学院生として登録された。彼は、視空間を始めとして数学基礎論に次第に多くの関心を示した。これにはシュリックとの交際も刺激となっているが、彼の教師時代に知り合った若き数学者ラムゼイとの交わりが大きな要因である。彼はラムゼイと数え切れないほど議論し、ウィーンのワイスマンに「最近非常に沢山の仕事をし、よい成果をあげている」と手紙に書いているように、順調に哲学研究の再出発をすることになった。

ウィトゲンシュタインのケンブリッジ再入学はPh.D.つまり博士号の取得にあった。Ph.D.の話はすでに教師時代にラムゼイがその取得方法に関してウィトゲンシュタインに手紙を書いている。学位取得のためには制度上院生として登録しなければならなかった。しかし形式的な在学期間はそれ以前に彼がケンブリッジに在学していたことで、学位取得に必要な課程を終えたものと見なされた。そして学位論文として『論考』が提出され、審査の対象となった。ラムゼイが指導教官で、ムーアが試験官であった。しかしラムゼイが病気のため、ムーアとラッセルが口述試験にあたり、学位論文の審査をした。六月にはPh.D.の学位が授与され、さらに大学から数学の基礎論研究のための助成金を受けた。ムーアにしてもラッセルにしてもウィトゲンシュタインの『論考』の価値を十分に理解していたので、審査は最初から形式的に行われたのであった。またこの時大学より研究助成金を受けたが、その推薦文を書いたのはラムゼイであった。その推薦文は、ケンブリッジのウィトゲンシュタインを知る人たちの共通した評価のように思われるので、紹介しておくとしよう。「私の意見ではウィトゲンシュタイン氏は私の知る他のどの人たちとも違った次元の哲学の天才です。このことは一つには問題の中に何が本質であるのかを見る彼の偉大な天賦の才能にもよっていますが、もう一つには彼の圧倒的な知的な活力によるもので、問題を徹底的に追求し、たんにありそうにすぎないように見える仮説では決して満足しない思索の強靱《きょうじん》さによっています。私は他のどの人の研究よりも彼の研究から、哲学一般と数字の基礎という特定の領域との両方において私を悩ましている諸困難に解決を与えることを期待しています」。

大学での講義とラムゼイの影響

彼がケンブリッジにきて、学位を取得したのは一九二九年で、四〇歳の時であった。翌一九三〇年一月から彼はケンブリッジでの最初の講義を担当した。講義は「言語、論理、数学」についてのセミナールと討論クラスであった。一二月には五年間の特別研究員（リサーチ-フェロー）に選出され、トリニティ-カレジのヒューウェル-コートの最上階に住むこととなる。そして彼は生涯で最も多くの著述をし（ただしどれも出版されなかった）、ここで若き哲学の徒たちが育てられることになるのであった。

だが、彼の論議相手であり、彼の良き理解者であったラムゼイがこの年の一月に亡くなった。二歳の若さであった。ラムゼイは非常に優秀な数学者であった。彼の同僚のケインズは彼の死を悼《いた》んで、自分の妻宛の手紙に「彼は彼の専門において大学では最も偉大な天才だった。それにとても良い人物だった」と書いているように、彼の才能は同僚たちに高く評価されていて、ラムゼイの死は大変惜しまれた。ウィトゲンシュタインにとって彼の死は特別な意味を持っていたに違いない。

ヒューウェル-コート　ウィトゲンシュタインが住んでいた建物。

というのも彼の哲学への復帰並びに哲学研究にとってラムゼイの存在はきわめて大きかったからである。彼は自分の思想へ決定的な影響を与えた人としてラムゼイについて次のように述べている。「一六年前再び哲学に従事して以来、私はかの最初の本に書き記したことのなかに重大な誤りのあることを認めざるをえなかった。私はこれらの誤りに気づくのに――ほとんど計り知れないほど――役に立ったのは、フランク＝ラムゼイが私の考えに対して下した批判であった。――彼とは彼の生涯の最後の二年間、数え切れないほど話し合い、自分の考え方について議論した。」(『哲学的探究』序文)。この本の始めに述べたように、ラムゼイの墓はウィトゲンシュタインと同じセント・ジャイルズ・セミトリにある。ムーアと並んでラムゼイはウィトゲンシュタインの後期の思想形成に最も影響を与えた英国人として、この三人が同じ墓地に眠っているのは興味深い。

ウィーン学団とウィトゲンシュタイン　ウィトゲンシュタインはケンブリッジに住んでも休暇中にはウィーンで過ごした。彼の心は生涯故郷ウィーンを離れることはなく、根っからのウィーン人であった。したがって彼の後期の思想もウィーン的環境と切り離すことができない。ウィーンへの帰郷の度に、彼はシュリックを始めウィーン学団の人たちと接触を続けていた。彼がケンブリッジにいる間、ウィーン学団は機関誌を発行し、これまでの伝統的な哲学に挑戦した。そして「科学的世界把握」を目的として従来の哲学に対して転換を訴える宣言をし、論理実証主義運動を展開していた。彼らが理念とした新しい哲学とは、「分析と批判をとおし、個別科学の諸成果を哲学問題の設定と解決にもたらすべき哲学の方法」を意味した。彼らは科学主義を標榜したが、よく知られたスローガンは検証理論にあった。これは『論考』の「語り得る」領域において展開されている要素命題の真偽の取り扱いに関する問題と同じで、『論考』が彼らに与えた影響の大きさを示すものである。その意味でウィトゲンシュタインは論理実証主義者とは一面においては同じ立場であったとも言える。しかし彼は党派性を嫌い、この運動にはまったく無関心で参加することはなかった。彼のウィーン学団との接触はシュリックなどごく少数者に限られていた。

ウィトゲンシュタインはシュリックとワイスマンとに限って、ウィーンに帰郷中に対話を重ね、それをワイスマンが記録している。その記録を綴っているのが『ウィトゲンシュタインとウィーン学団』(一九六七年出版)という彼の遺稿である。それは一九二九年から一九三二年までのウィトゲンシュタインの考え方を知る上で、しかも『論考』と彼の後期の思想とのつながりを知る上での貴重な記録である。ウィトゲンシュタインはシュリックを高く評価し、彼との交友を続け、イタリア旅行を共にした仲であった。またワイスマンと共著『論理、言語、哲学』を計画し、度重なる書き直しをしたが、ウィトゲンシュタインの性格からして協同の著作は大変困難であって、実現しないで終わった(一九六五年『言語哲学の原理』と題してワイスマンの死後出版)。ところで一九三六年にシュリックは頭の狂った学生に殺害された。彼の死はウィトゲンシュタインに深い衝撃を与えた。そしてこのことによりウィトゲンシュタインとウィーン学団との関係は断たれた。

独特なスタイルの講義

ケンブリッジ大学でのウィトゲンシュタインの講義は彼独自なスタイルで精力的になされた。講義はトリニティーカレジの小教室やヒューウェルーコートにある彼の部屋とか同僚の部屋でなされた。その様子を彼の講義を受けた学生は次のように語っている。「部屋には、一五から二〇の木の椅子とズック張りの折りたたみ椅子が暖炉に向けられて置かれ、その前には、黒の鉄製の無煙炭ストーブがあった。右側の窓の下には草稿が置かれている書架台があり、マントルピースの上のレトルト台には薄暗い電球があった。背後には小さな書棚があって、二、三冊書物が入っていた。ウィトゲンシュタインは立ったまま待っており、時々胸のポケットから懐中時計を取り出して見つめていた。グレーのズボン、オープンシャツにスエードのゴルフ用ジャケットを着た、小柄で、ほっそりとした人であった。顔は血色がよく、目鼻立ちが非常にくっきりとし、髪は(一九三〇年代には)褐色の巻き毛であった」(ガスキング、ジャクソン)。「その講義のやり方には最初のうち戸惑いを感じた。例が例の上に積み重ねられた。時には例が奇抜であって、例えばある想像上の蛮族の非常に奇妙な言語的な行動とかその他の行動について考えることを求められた。時には身のまわりの卑近な事実を例に出した。いつも事例は身近な日常の言葉で具体的に詳細に述べられた。話されたほとんどの事柄も分かり易く、普通は誰も議論しようとは考えないような問題であった。講義を聞いていて大変困ったことは、何度かの繰り返し話されることと全てが一体全体何を話そうとしているのかが分からなかったことであった」(同)。「〝ウィトゲンシュタインはどんなことをしているのかを知るために〟、二、三回講義に出席するという訪問者は、たとえ著名な訪問者であっても歓迎されなかった。しかし真剣に哲学を学ぼうとする者は誰もが歓迎された。私たちは懸命に努力しなければならなかったが、彼は恐ろしいほど努力した。彼は草稿なしに話した。どの講義も入念に準備されていたことは明らかであった——その概略の講義方針が計画され、多数の例が考えられていた。しかし講義では彼はその全てを声をあげて考え直した。受講生は時折簡単な質問をしたが、彼は〝ちょっと待て、考えさせてくれ〟と言い、何分間も椅子の端に腰掛け、上向きにしている自分の手のひらをじっと見つめるのであった。あるいは〝これはまったく難しい〟と激しく本心から叫ぶのであった」(同)。

講義の魅力

ウィトゲンシュタインの講義に関するこの前述の記録は、彼の講義に出席した人たちにおよそ共通した印象を語っている。この講義を受講した学生のなかからウィトゲンシュタインの思想の啓蒙に努める多くの哲学者並びにウィトゲンシュタイン研究者が育っていったが、彼らも講義を受けている間ウィトゲンシュタインの講義を真に理解したとは思われない。例えば『茶色本』の口述筆記をさせられた学生の一人であったアリス＝アンブローズは、「一九三二〜三五年の間、私がケンブリッジの学生であった時、彼の思想が如何に革命的であったのかを、特に『青色本』に書かれていることが如何に革命的であったのかをほとんど私たちのなかでは誰も気がついていませんでした」と述べているように、ウィトゲンシュタインの思想の真髄を理解することは学生たちには大変困難であった。また彼は自分の講義を聞く人たちが知りたいと尋ねても確かな答えを与えなかった（ウィズダム）。それでは学生たちを惹きつけていたものは一体何であったのか。彼の人柄であろうか。彼の人柄は、これまですでに述べてきたように、包容力があり人格高潔であるとはおよそ言い難い。講義中の彼は自分自身に対しても大変厳しく、学生たちにもそのことを要求した。彼は好奇心から受講することを嫌い、遅刻を嫌った。彼はこわい先生であった。気が短く、すぐに怒り出し、誰かが彼の言っていることに賛成しかねる態度をとると直ちに反論を求め、反論ができずにいると、「これじゃあストーブと議論しているみたいだ」と激しい口調で非難した。彼は精神を極度に集中し、講義をした。その間学生たちも同じであった。彼はしばしば講義中に考えがまとまらず、講義を中断し、沈黙し続けることがあった。受講者はそんな時緊張して彼の発言を待たなければならなかった。そんな時彼は「私は馬鹿ものだ！」、「きみたちはひどい教師を持ったものだ！」、「今日頭の調子がすっかり狂っている」（『回想』）などと言った。こうした特異な性格を持った教師の人柄に学生が魅力を感じたとも思えない。

学生の一人であったマルコムは彼の魅力について次のように語っている。「しばしば沈黙が続き、ウィトゲンシュタインの口から時折呟《つぶや》きが聞こえるだけで、他の人たちは最大の沈黙を続け、彼を見守るのであった。沈黙の間ウィトゲンシュタインは極度に緊張し、考えていた。彼は一点を凝視し、顔は生き生きとして、両手は思索の運動を捉える働きをしていて、表情は厳しかった。最大に真剣で、没頭し、知力を発揮している有様を私たちは感じ取った。ウィトゲンシュタインのパーソナリティが私たちをすっかり威圧した。クラスの誰もが何らかの点で彼の影響を受けなかったとは考えられない。……ウィトゲンシュタインの厳しさは彼の真理への情熱的な愛と結びついていたと私は考える。彼は絶えず最も深遠な哲学の問題と格闘していた。一つの問題の解決は他の問題を生みだした。ウィトゲンシュタインは妥協しなかった。彼は完全に理解しなければ気がすまなかった。彼は自分自身を激しく真理へ駆り立てた。緊張のただなかに彼の全存在があった。講義を受けている者は誰しもが、彼が彼の知性並びに意思を極度にまで張りつめていることを感じ取った。これは彼の完全にして容赦ない誠実さの一面であった。第一に彼を教師としても、また個人的な関係においても畏《おそ》ろしく、しかもこわい人間にしたのは、自分自身をも他人をも容赦しない彼の冷徹なまでの完全癖であった」(同)。このマルコムの回想こそ学生たちがウィトゲンシュタインの講義に惹かれ、人柄に惹かれた理由を十分に説明するものであろう。ウィトゲンシュタインの講義の内容は難解であり、きわめて特異な個性の持ち主で、近寄り難い人間であったにもかかわらず、彼のあくことなき真理の探究への誠実さが人々を惹きつけたのであった。

講義と著述

特別研究員として彼が担当したセミナールの題目は一九三〇～三三年の間、「言語、論理、数学」であった。これにはムーアが出席し、ノートを取り、「ウィトゲンシュタインの講義　一九三〇―三三」という題で後に「マインド」誌に発表された。彼がウィーンからケンブリッジにきて、直ちに執筆に取り組んだのが『哲学的考察』であった。その草稿を終えると、彼は『哲学的文法』の草稿にとりかかった。前者は研究助成金申請の審査資料となったもので、ラッセルはトリニティ-カレジ評議会に対して「ウィトゲンシュタインのこの新しい仕事に含まれている諸理論は新しく、オリジナルそのものであり、疑問の余地がなく重要である。それらが正しいのかどうかは私にも分からない。簡潔性を好む論理学者として、私はそれらが正しくないと思いたい。しかし私が読んだところからすれば、彼がそれらの理論を成し遂げる機会を持つべきだと確信する。それらが完成した時に、それらが新しい哲学全体を構成することは容易に明らかになるであろう」と報告している。彼はこの書において『論考』で展開した幾つかの理論を撤回した。例えば彼は「要素命題の概念はいまや以前の意味を失っている」(『考察』83)と述べ、ラッセルの論理的原子論と共通する要素命題の概念に信頼をおかなくなり、彼の関心の中心は数理哲学になっており、数学上の証明や数学的帰納法や数学における一般性の問題を取り扱っている。ラッセルの言うように、彼の問題の関心はラッセルの関心とは違ったものに向けられた。『哲学的文法』に関しても同じで、そこでは『論考』で主張した理論を撤回(撤回と言っても全てではない。哲学的精神に関しては基本的に同一である)されており、後期の『哲学的探究』に至る思想が前の『哲学的考察』と併せ、準備されている。彼はこれらの著述をほぼ完成させたが、しかし出版はしなかった。

さらに一九三三〜三四年の講義には『青色本』、一九三四〜三五年には『茶色本』を学生に口述筆記させている。これらの本の著述をもって後期ウィトゲンシュタインの思想が始まり、ウィトゲンシュタインの思索が進展するに従い、それが『哲学的探究』へと収斂《しゅうれん》されていくのであって、これらの書は『哲学的探究』の理解に大切な役割を果たしている。ところでこの時期に彼の講義を受講した主な人たちを挙げておくとしよう。アリス＝アンブローズ（『青色本』と『茶色本』との口述筆記）、マックス＝ブラック、R・B・ブレイスウェイト、カール＝ブリトン、モーリス＝コンフォース、モーリス＝ドゥルーリー、A・C・ユーイング、R・ゴールドシュタイン（『青色本』の口述筆記、他に何人かと一緒に）、G・E・ムーア、F・スキナー（『青色本』と『茶色本』との口述筆記）、ジョン＝ウィズダムらで、彼らはたいてい哲学者あるいはウィトゲンシュタイン研究者として活躍している。

ロシア移住の夢と医師志望

彼の特別研究員の資格は一九三五年までとなっていた。彼は以前からロシア移住のことを考えていたようであった。そのことをエンゲルマンに語っている。再びロシア移住のことを思い立って、ロシア語を学び始めた。先生はファニア＝パスカル夫人であって、彼は大学院生のスキナーとともに彼女のところに通った。彼はグリム童話をロシア語に訳したり、プーシュキンの詩を朗読したり、ドストエフスキーの『カラマーゾフ兄弟』を好んで読むことができるぐらいにロシア語を修得した。彼はロシア行きについてケインズに相談し、駐英ソ連大使に紹介を依頼した。彼はその時に、ロシアで仕事を探し、もし仕事がなければ英国に戻って、医師の資格をとってから再びロシアへ行き医師として働きたいと言っている。彼はケインズを通して大使から紹介状をもらい、ひとまず観光ビザで下見をかねてロシアへ行くことになった。彼はロンドンの大使館にビザを得るため大使に会いにいった。その時彼は平常の服装ではなく、英国にきて最初で、最後となったネクタイを絞めて行った。「マイスキー大使は彼にロシア語を話すことができるかどうか尋ねた。ウィトゲンシュタインは〝できます。試してください〟と答えた。彼らがしばらく話した後で、マイスキーは〝決して悪くはない〟と言った。〝ロシア語は最も美しい響きを持った言葉の一つです〟とウィトゲンシュタインは答えた。二人はレーニンについて話した。ウィトゲンシュタインは次のように話した。〝レーニンが哲学について書いていることは無論馬鹿げていますが、でも少なくとも彼は何か大切なことをしようとしたのです。きわめて特徴のある顔、あれは一部モンゴル系の特徴です。ロシア人たちは唯物論を標榜していますが、彼らはレーニンの遺体の保存を永続させ、彼の墓参に苦心しているのではありませんか。ご承知のように、私は近代建築のことを多く知りませんが、クレムリンの墓はよく設計されています〟」(リース『ルートウィヒ・ウィトゲンシュタイン回想』に収められているドゥルーリーとウィトゲンシュタインの会話の記録)。ウィトゲンシュタインはモスクワ大学の数学の教授ヤノウフスカ女史を訪れた。そしてトルストイがかつて学んだことのあるカザン大学の哲学のポストの話があったことをパスカル夫人に語っているが、その後どうしたことかそれが実現しなかった。

ロシア訪問から帰って、一〇月から特別研究員として最後の学期を迎え、彼は「心理学の哲学」について講義をした。受講した学生の主な顔ぶれ

「心理学の哲学」の講義

には、ラッシュ＝リース、フォン＝ウリクト、ノーマン＝マルコム、F・スキナー、ガスキング、アリス＝アンブローズ、M・O・C・ドゥルーリー、ジョン＝ウィズダムなどであった。講義は「感覚のプライバシー」を取り扱い、これはのちにラッシュ＝リースによって編集され、「個人的経験と感覚与件に関する講義ノート」と題して「哲学評論」誌に発表された。それは前述の『茶色本』での考察の続編である。彼の特別研究員としての資格が一年延期され、講義は一九三六年まで継続された。しかしそれ以上は継続されず、その時点で彼は生活の収入源を絶たれてしまった。一九三六年の夏休みには、学期も終え、彼は職を失って、ダブリンに医師になるための試験の準備をしていたドゥルーリーを訪ねた。彼は医学を学ぼうと思い立ち、ドゥルーリーと一緒に精神科医として開業しようと話している。彼は自分にはその才能があると思っていたようであった。ドゥルーリーはウィトゲンシュタインのことを自分の担当教師に話すと、「ケンブリッジ大学の先生を辞めて、まったく出直して医学を学ぶということを聞いて、驚いた」とのことであった。結局ウィトゲンシュタインは医師になることを断念したようであった。彼はウィーンからケンブリッジにきて、哲学に復帰し、哲学の著作並びに講義に精力的に没頭したが、特別研究員の任務を終えると、哲学を離れ、ロシア移住や医師になることを真剣に考えたのであった。しかしこの時も、彼は結局は哲学に引き戻され

ることになった。

ダブリン滞在後、彼はケンブリッジに戻り、それからノルウェイのショルデンに向かい、一九一四年第一次世界大戦前に建てた小屋に引き籠った。彼はクリスマスをウィーンで、正月をケンブリッジで過ごした以外は、この人里離れた小屋にまったく孤独に過ごし、後期の思想を代表する『哲学的探究』の執筆に専念した。

過渡期の思想

過渡期の著作

どこからどこまでを過渡期の思想とするかはきわめて曖昧であり、それに境界を設定することは難しい。思想は生きた一人の人間の思索の全体から生み出されたものであり、どの人間の思索も連続的で、ある時点で明確に区切られるといったものではない。ここで取り扱うウィトゲンシュタインの過渡期の思想とは、『論考』の著述以来彼が哲学的活動から身を引いて、その後再び哲学に復帰した時点をまず過渡期の思想の始まりとし、そして『哲学的探究』（以下『研究』）の著述活動以前までのことである。とはいっても『探究』とそれ以前に書かれた著作とその内容において区別することは難しい。そこで一応ケンブリッジに行き、哲学活動を再び開始する一九二九年からケンブリッジの特別研究員を辞め、ショルデンに引き籠るまでの著述を過渡期の思想と解し、ここでこの間に書かれた主な著述をまず一覧してみるとしよう。この時期に書かれたものは一冊もウィトゲンシュタインの生前に出版されなかったが、彼の死後遺稿として現在までに出版されたのは次の本である。

『哲学的考察』（一九二九～三〇）（ラッシュ＝リース編集、一九六四年出版）、『ウィトゲンシュタインとウィーン学団』(一九二九〜三二)(ウィトゲンシュタインがシュリックとワイスマンとを相手に行った議論をワイスマンが速記録したもの。ワイスマンの遺稿をマックギネスが編集、一九六七年出版)、『ウィトゲンシュタインの講義ケンブリッジ一九三〇—三二』(ジョン=キングとデスモンド=リーのノートをリースが編集、一九八〇年出版)、『ウィトゲンシュタインの講義一九三〇—三三』(ムーアによるウィトゲンシュタインの講義の記録、一九五九年出版)、『哲学的文法』(一九三二〜三四)(ラッシュ=リース編集、一九六九年出版、第一部「文、文の意味」、第二部「論理と数学に関して」)、『青色本』(一九三三〜三四)(口述筆記させたもの、ラッシュ=リース編集、『青色本と茶色本』と題して一九五八年出版)、『茶色本』(一九三四〜三五)(口述筆記させたもの、ラッシュ=リース編集、『青色本』と共に出版)、この他に論文「論理形式に関する若干の考察」(一九二九)、「倫理講話」(一九二九)がある。

『探究』への第一歩

ウィトゲンシュタインがケンブリッジで哲学に復帰して最初に発表した論文が「論理形式に関する若干の考察」であった。彼が論文として発表した最初にして最後のものであった。彼自身はこの論文を評価しなかったようであるが、『論考』完成後一〇年目の彼の思想を知るうえで、また後期思想への第一歩を踏み出した論文として貴重なものである。この論文は彼が『論考』で展開した事柄を再述することから始められている。つまり論理的構文論に従った命題の分析の必要性を語り、命題をそれ以上分析されえない単純命題(『論考』では「要素命題」、一般的には原子命題として理解されている）の真理函数として定義し、そしてこうした単純命題を見出し、それらを適切に表現する記号法の構成が知識の理論の仕事であると述べ、『論考』の思想を再述している。

ところでこうした記号法の構成にさいして、彼は、「記述しようとする現象をよく見、それによってその現象の論理的多様性を理解しなければならない」、「つまり正しい分析への到達はア・プリオリな可能性を推測することによってではなく、ある意味では現象自身のア・ポステリオリな論理的研究に基づいて初めて可能である」と述べ、彼はここで現象の記述の必要性を強調している。『論考』では現象の記述は自然科学者の役割であって、論理学的探究の仕事であると考えなかった。しかしそこでは論理学的探究にとっても現象の記述は世界の正しい分析には欠かすことができないことを指摘している。このア・ポステリオリ（経験的）なものの強調が注目される。原子命題（要素命題）の形式はア・プリオリには予見することができず、現象そのものをよく見なければならないということ、そして原子命題は必ずしも相互に独立ではないことを主張している。これは『論考』の真理函数論とは相容れない主張である。『論考』では全ての命題は原子命題の真理函数であり、全ての推論はトートロジーであると主張している。しかし原子命題が相互に独立ではないという主張は『論考』の真理函数論並びに全ての推論をトートロジーとする主張とは相容れない。

この論文に従えば、真理表を構成する規則は完全な表記法による構文論の規則によって補足されなければならない。このようにしてここでは構文論が重視され、これまでのトートロジーのみに基づく真理函数論は修正され、『論考』で主張した論理的原子論が放棄された。つまり構文論を前面にかかげた言語論が展開され、この論文は彼が『論考』から『探究』へと至る第一歩を踏み出したことを示し、まさしく過渡期の論文である。

命題の体系と物差し・色彩の体系

構文論の強調はシュリックとの対話（『ウィトゲンシュタインとウィーン学団』）において次のように語られている。「私は以前〈要素命題〉について二つの表象を持っていた。そのうちの一つは正しいと思われるが、もう一つは完全に誤っていた」、「私は〈要素命題〉は相互に独立でなければならないという表象を持っていた」、「誤っていたのは論理定項の構文論が命題相互の内的関係に注目することなく確立できると考えていたことである。しかし事態はそうなってはいない。例えば私は同一の点が赤であり、同時に青であるとは言えない。この場合論理積は適用されない。論理定項に関する規則はむしろ統合的な構文論の一部を構成するにすぎない。当時私はその統合的な構文論について何も知らなかった」。

以上のことを分かり易くするために、「物差し」と「色彩」の問題を引合に出すとしよう。物差しを実在にあてがう時、例えばある対象を物差しで計り、それが一〇の目盛りに達しているということを知る時、私は無論その対象が、例えば一〇メートルであることを知るが、またそのことによって私はその対象が一一メートルとか、一二メートルでないことも知る。つまり物差しをある対象にあてがうということは、個々の目盛りをその対象にあてがうのでなく目盛りの序列全体をあてがうのである。このことは『論考』で彼が主張した一つの「事態」の存立から他の「事態」の存立を推論できないという考えが誤っていたということである。つまり要素命題が相互に独立したものでなければならないという『論考』の主張が誤っていたということである。

さらにウィトゲンシュタインは色彩を例にとり、構文論の問題を取り上げている。例えばある色を見て、私がこの色は青であると言う時、私はそれが青であることを知るばかりではなく、それが緑でも、赤でもないことを知る。つまり私はその時同時に全色彩系をあてがっているのである。どの色も赤・黄・青・緑の四原色の組み合わせとして描写される。原色に当てられている役割は物差しの目盛りに当てられている役割と類比的である。ただ色彩に関しては物差しほど明確ではない。色彩に関して陳述する命題は世界の存在のようにア-プリオリな命題ではない。しかし経験的命題だとは断定できない。「これは赤であり、青とか緑ではない」という命題のように色彩の相互背反を表す命題は経験に関わる命題ではない。それでは何かという問いに対して、彼は構文論の規則であると答える。

記号法と日常言語

ウィトゲンシュタインはこのように構文論を強調するのであるが、それは彼が『論考』において主張したラッセル流の記号法に固執せずに、日常言語へ関心が向けられていたことを意味する。「私たちは本質的にただ一つの言語を持っているだけであり、それが日常言語であると私は考える。私たちはまずもって新しい言語を考案したり、あるいはある記号法を構成したりする必要はない。日常言語につきまとっている不明確さを取り除けば、日常言語はまさしく言語である。私たちの言語は、記号化しているものを明確にさえすれば、完全に秩序を持っている」(同)と述べ、彼は日常言語が本来的に完全な秩序を持っていることを強調し、記号法の持つ一義性がかえって現実の事態を的確に表現するにはふさわしくない理由を次のように述べる。「もし一つの主語—述語形式しかなければ、どの名詞も形容詞も相互に置き換えることができなければならない。……しかし日常言語が示しているように、事実はそうではない。見掛け上私は〈この椅子は褐色である〉とも〈この椅子の表面は褐色である〉とも言える。だが〈褐色〉の代わりに〈重い〉を入れると、〈この椅子は重い〉と言えるが、〈この椅子の表面は重い〉とは言えない。このことは〈褐色〉というコトバが二つの異なった意味を持っていることを証明している」(同)、「一見すると、〈右に〉には、例えば〈甘い〉という他の形容詞が、〈右に—左に〉には〈甘い—辛い〉が対応しているようにみえる。……しかし〈……は……の右にある〉と言えるが、〈……は……の甘いにある〉とは言えない。それゆえ〈右に〉と〈甘い〉の構文論が現実には違っている」(同)。

このようにしてウィトゲンシュタインは「主語—述語形式」が一義的に決定されず、現実には無数の「主語—述語形式」があることを指摘する。この指摘によって彼は構文論の果たす役割を強調し、日常言語の現実における用法への関心を促がすのである。以上の意味において彼は『論考』において主張していた完全な論理的秩序を持った記号法に固執することをやめたのである。「現実を描写するためにまず〈理想言語〉を考案する必要はない。私たちの日常言語はすでに、それぞれのコトバがどのように表記しているのかを知ることができれば、ある論理的像なのである。構文論の規則を体系にもたらすことが問題なのである」(同、二四〇頁)と述べているが、哲学への復帰を契機としてウィトゲンシュタインの関心は日常言語の実際的な用法に向けられていった。

一九二九年から一九三〇年に至るウィトゲンシュタインの『論考』に対する見方は、主として上述の点に変化はみられるが、『論考』において彼が主張した大部分のものは依然として保持されている。写像理論(命題は実在の映像であり、したがって実在と形式を共有し、事象と同じ構造を持つという主張)、検証理論(命題が真または偽であるのかどうかの判定は実在との照合が必要とされるという主張)、あるいは「示すことと語ることとの区別」とか「命題間の内的関係」などに関して同じ立場を保持している。変わった点は世界の構成要素であった要素的事象である事態並びにそれを表現する要素命題に関してである。したがってすでに述べたように、論理的原子論の考えを放棄した点が変わったことであった。それに対して構文論への関心が強まった。

言語の現象学

彼はすでに紹介したように過渡期に『哲学的考察』(以下『考察』)を書いているが、そこで主張されていることは、他の過渡期の著述の内容と重なっている。しかしそこで彼は「言語の現象学」について語っている。彼はかつて「現象学的言語」の必要性を考えたようであったが、しかし『考察』ではその必要性を認めていない。それにもかかわらず彼の哲学的活動は、言語の現象に向けられており、「ウィトゲンシュタインほど言語の現象学に大きな関心を払い、大いなる感受性を持っていた哲学者はいなかったであろう」(ハッカー)ということである。生涯を通してウィトゲンシュタインの哲学への関心は「言語の本質」の何かに向けられていたが、彼は『考察』において言語の本質を言語の現象という観点から取り組んでいる。

「私たちの言語において本質的なものを非本質的なものと分けること、これが可能なことであり、必要なことである全てである」(一)と述べ、ウィトゲンシュタインは言語現象の本質を探る言語の現象学に深い関心を示している。「現象学においては、常に可能性つまり意味が問題であり、真偽問題ではない」(『ウィトゲンシュタインとウィーン学団』六三頁)。彼は真偽の問題に関心を示すのではなく、言語現象の本質を探るにあたり、私たちが直接的に体験する事柄に関して諸事実を記述する文法に関心を示している。言語の現象学は私たちが直接的に経験する事柄の可能性及びそれを記述する文法のことである。彼は、私たちの直接的経験を記述するその文法を探る。直接的経験とは私たちの感覚に直接にあるがままに与えられたものであり、「如何なる矛盾も含まず、全ての議論と反論を越えているもの」（『考察』74）、「仮説によらない描写」（同226）であり、それ自体では真でも偽でもないものである。記号はこうした直接的経験に関係するのである。したがって色彩の知覚というのは波長などに基づいて仮説的に説明するのではなく、直接に与えられている色彩を色彩の体系に基づいて説明することを狙いとしている。このことからウィトゲンシュタインが意図としている直接的体験の記述は、事象そのものの記述ではなく、直接的経験の表現を可能にしているものに、つまり事実を表現する文法を探ることに向けられていたと言うことができる。

『哲学的文法』

ウィトゲンシュタインは『考察』において、「なぜ哲学は非常に複雑に入り組んでいるのであろうか。哲学はまったく単純でなければならないはずである」、「哲学が複雑に入り組んでいるのは、その素材にあるのではなく、私たちの知性がもつれてしまっているからである」と述べている。こうした知性のもつれを解きほぐすことがウィトゲンシュタインの後期哲学の課題であった。『考察』において、こうした知性のもつれを解く企てとして「展望の効《き》いた叙述」の必要性を説いている。彼の仕事はすでに述べたように日常言語の分析にあったが、彼にとって哲学は日常言語の展望に欠けている。したがって哲学は「文法の管理人」として日常言語に展望を与えなければならない、という課題を追求することになった。彼は『考察』の完成を断念し、『哲学的文法』を執筆することになるが、それは日常言語に展望を与えるという彼の課題に答えるためであった。『哲学的文法』は言語に展望を与えるための言語の文法的考察に取り組んだ書である。ここでの文法的考察は、『哲学的探究』にいろいろな意味でつながっており、ウィトゲンシュタインの主張する文法的考察について次章において取り上げたい。

Ⅳ　後期の思想

——晩年の生と思想

ショルデンのフィヨルド風景

山小屋から英国へ

ウィトゲンシュタインの告白　ウィトゲンシュタインはノルウェイのショルデンの山小屋に引き籠り、そこで執筆に専念した。それは後期ウィトゲンシュタインの思想として知られる『哲学的探究』（以下『探究』とする）の執筆であった（ここで彼は『哲学的探究』の一節から一八八節まで書き上げる）。一九三六年夏から一九三七年の一一月にケンブリッジに戻るまで、まったくの孤独のなかで、外界との接触は親しい友人との手紙のやりとり以外にはなく、執筆に専念した。彼の仕事に対する執念は大変なもので、執筆も順調であった。しかし彼の生涯につきまとった憂愁にまたも悩まされた。

ウィトゲンシュタインはムーアに、「私の心にあらゆる事柄が起こっています。いまそのことについて書こうとは思いません。新年に数日間ケンブリッジに行く予定です。その時私は非常に困難で、深刻な事柄についてあなたの助言をいただければと思います」という内容の手紙を書いている。彼はその後ケンブリッジを訪れた時、ムーアやパスカル夫人を訪れ、告白をしている。その告白が彼の言う困難で、深刻な問題であった。それは一体どんな問題だったのであろうか。パスカル夫人はそれを次のように書いている。

「彼はある朝、やって来て、私に面会できるかどうかを尋ねた。(確か子供が体の具合がよくなかったので)、私は緊急なことかと尋ねた。彼は断固として緊急を要することで、待つことができないと言ったので、私は苛立った」。彼はゴム引きのコートのボタンをかけたまま、背を真っすぐにし、険《けわ》しい表情をして椅子に掛けた。そして〈私は告白しに来ました〉と述べた。ムーアの所にも同じく告白に行ってきたとパスカル夫人に語った。その内容は次のようであった。「私は彼が二つの罪について話したことを記憶している。第一には、彼がユダヤの血統であることであり、第二には、彼がオーストリアの村の学校で教師をしていた時に犯した過ちであった」。

彼の良心の呵責《かしゃく》はいつも彼の内面に住みついていて、異常なまでに彼を悩まし続けたのであった。彼はこの告白を友人のエンゲルマンへの手紙に書いている。その内容に関しては公開されていない。エンゲルマンがウィトゲンシュタインへ宛てた手紙から推察すれば、ウィトゲンシュタインは自分をさまざまな欠陥を背負い込んだ人間として苛んでいる様子が伺える。エンゲルマンは「あなたは私が出会ったなかで精神的に最も優れた方ですし、それに私は私が個人的に知っている人々のなかで、あなたほど魂の純粋さを求めて強靱な努力をされている方に出会ったことはありません」(一九三七年六月四日)としたためているように、ウィトゲンシュタインの告白は、彼の内面に住む魂の純粋性に駆《か》られたものであり、彼が精神的な生を求めて如何に努力していたかを示すものである。ショルデンでの執筆は、このような彼の内面の苦悩との葛藤のただなかでなされた。彼の思索は苦悩を背負い込んでなされ、それはあたかも大いなる思想の生みの激しい陣痛のようであり、彼の精神的な苦悩の大きさは彼の思想の偉大さ、深さを示しているかのようであった。なお、この「告白」については最終章で取り扱い、彼の内面の苦悩を辿ってみたい。

英国への帰化とヒトラー観　ドイツでは、ナチが台頭し、一九三八年二月にはヒトラーが完全に独裁権を掌握し、やがてオーストリアもドイツに併合された。ナチによるオーストリア併合によって、彼の国籍は必然的にドイツとなった。その時ケインズらの薦めで、彼は英国に国籍を申請して、英国に帰化した。

ところでウィトゲンシュタインのヒトラー観であるが、彼はヒトラーにそれほど憎しみの感情を持っていたようには思われない。当時親交のあったドゥルーリーによると、ドゥルーリーなどの英国人がナチに対して抱いた憎悪感とか恐怖感を示していない。例えばナチがドイツを掌握していることについて「一国の政治がギャングたちによってなされていることがどういう意味なのかを考えてみなさい。暗黒の時代に再びなっている。でも、ドゥルーリー、人々が魔女のように生きたままで火あぶりにされるような恐怖を見ながら、きみと私が生きることになっても私は驚かない」と答えている。またヒトラーがオーストリアに侵入したというニュースに対して、「それは滑稽な噂だよ。ヒトラーはオーストリアを望んでいない。オーストリアは彼には何の役にもたたないだろう」。ドゥルーリーが翌日、新聞を持って本当にオーストリアを併合したことを話しても、併合にそれほど動揺しているようでもなかった。ドゥルーリーが姉さんたちには危険がないのかと尋ねると、「彼女たちは非常によくみられているので、誰も敢えて彼女たちに触れないよ」（ドゥルーリー）。彼はヒトラーのやったことを嫌っていたが、しかしナチの敗北が決定的になった時、英国人が皆喜んでいる時にも、「ヒトラーのような男が何という苦境に陥ってしまったのだろう」とむしろヒトラーに同情していたというのであった。

同じようなことがマルコムの『回想』に述べられている。それによれば、彼らが散歩しているさいに、ヒトラー暗殺計画を英国政府が扇動しているとドイツ政府が非難しているという新聞スタンドのニュース速報に対して、このことは事実だとしても驚かないとウィトゲンシュタインが発言した。それに対してマルコムは英国政府は野蛮人ではないので、そんな卑劣なことはしないし、またそのような計画は英国の国民性にも反すると答えた。ウィトゲンシュタインはマルコムの発言に激怒して、「きみに与えようとしている哲学的訓練からきみは何も学んでいない証拠だ」と述べ、その時以来、マルコムと散歩をしなくなった。このように二人が伝えるヒトラーに関するエピソードをどのように理解すべきであろうか。藤本隆志氏が指摘するように「すでに戦争体験のあるウィトゲンシュタインが、ユダヤ人として自分や自分の親族たちに危害を加えたかもしれないナチス-ドイツ

ケンブリッジ大学の散歩道

に対してさえ、英国を始めとする連合国に対するのと〈同じ〉公平な態度で臨もうとしていたこと、もっと正確には、国家間の対立を超えて人間の義務といった観点からのみ戦争その他の時勢を見ていたことは特筆に価しよう」(『ウィトゲンシュタイン』)とも理解できよう。

ケンブリッジ大学の教授に

ウィトゲンシュタインは英国の国籍をケインズらの薦めで申請した時、「偽英国人」になりたくない、英国の国民として生きるために英国で仕事を持ちたいので、ケンブリッジで職に就きたいとケインズへの手紙に書いている。このウィトゲンシュタインの希望は、ケインズらの努力で叶えられた。

一九三九年、ムーアの退職にさいして、その後任としてトリニティ-カレッジの教授への推薦を受け、その地位に就いた。ケインズから教授決定の知らせを電報で受け、彼はそれに「電報有難う。あなたのお骨折り本当に感謝いたします。私はあなたが過ちを犯していないことを心から信じます。あなたが過ちを犯していないことを証明することが私の務めであることを承知しています。私は教授としてその名に恥じないように努力いたすつもりです」という感謝の念を表し、自分の与えられた仕事に専念することを誓っている。彼の正式の教授就任は一〇月からであった。九月一日に第二次世界大戦が勃発した。彼のケンブリッジでの講議は『哲学的探究』で始まった。この『探究』はもうすでに何度か手を加えたものであったが、その後もそれの推敲に努力を重ねた。そして彼は戦争のさなかにも哲学の研究に没頭し、『考察』、『数学の基礎』などの草稿を書き続けた。

病院での戦争協力

ウィトゲンシュタインにとって戦争への協力は、国民としてははたすべき、当然の義務であった。第一次世界大戦の時に志願したのと同様に、戦時協力を自ら志願した。一九四一年一一月から四四年の春まで、最初はロンドンのガイズ病院で、ついでニューキャッスルにあるロイヤル-ヴィクトリア診療所の臨床医学研究所で働いた。ガイズ病院では、皮膚病の塗り薬を調合する助手として(ウリクトによればポーターとして)務めた。その間、彼は私的に大学で土曜日の午後とか、場合によっては日曜日の午前中にセミナールを開き、「数学の基礎」を論じた。またガイズ病院ではグラント医師と知り合いになり、彼はグラント博士の傷のショック療法に興味を持った。そんな関係から彼はグラント博士がニューキャッスルのロイヤル-ヴィクトリア診療所の研究所に移ると、彼もそこで実験助手として働いた。グラントはその時のウィトゲンシュタインについて次のように述べている。「彼は鋭い批判的な精神を持っていて、医学及び生理学の問題に関する議論では、最も有用で、刺激のある同僚であった。彼は人間の血圧と呼吸との変動関係を観察し、その実験をし、その装置を考案した。

しかしニューキャッスルはロンドンからもケンブリッジからも離れていて、ガイズ病院にいた時のように、哲学の研究に従事することができなくなった。その様子をマルコムへの手紙に書いている。「哲学こそ本当に私に満足を与えてくれる唯一の仕事であるのに、外的及び内的理由で哲学をすることができない。哲学以外のどんな仕事も私を元気づけてくれない。私は極度に忙しく、心に哲学が入り込む余裕がないのです。一日が終わると、疲れて悲しくなるだけです。そのうち恐らく今よりもましな時代がやってくると思う。私はケンブリッジにほとんど行っていない。カレジの部屋は明け渡してしまった。無論戦争が終われば教授として戻ることになっているが、しかし、どうして教授として仕事ができるのか想像もつかない」。

ガイズ病院とニューキャッスルの研究所でのウィトゲンシュタインの仕事ぶりを次のように同僚が記している。「ガイズ病院で、私は夕食でウィトゲンシュタインとよく一緒になった。最初は私は彼を少しばかり気難しいと思っていた。彼はいつも緊張し、批判的で、他人が不正確な表現をすることを容赦しなかった。私は細かなことは覚えていないが、人々は彼に些細な発言をする前に、二度考えるということを学んだ。彼は耳を傾けるだけのものを持っていた。彼はどんな話題であろうともそれに新しい光を与えた。ウィトゲンシュタインはガイズ病院の私の同僚の所にやってきて、そして私がニューキャッスルに外傷性ショックの治療研究のために移って間もなくして、彼は私たちと一緒に実験室の技師として働いた。彼は優れた腕を持っていたし、真剣に仕事に取り組んだ。ある時には奇脈を観察し、脈拍数などの記録にあたった。彼はすぐに脈拍を記録する方法を考案した。それは、これまでの測定法と違った独創的で工夫に富んだ方法であり、実際に役立った。しかし彼はいつも自分自身の哲学の問題に戻り、そして順調にはかどらないのに苛立っているようであった。夕方彼はしばしば私とニューキャッスルで散歩した。……彼はある時私に彼が散歩するのは体の訓練とか、素敵な田園風景とか、小鳥や野の花を見るためではなく、彼のアイデアを話し合う機会を持つためであると話したことがあった。しかし彼は人に聞いてもらうだけではなく、その議論に参加することを要求したのであった。詳細なことは忘れてしまったが、私はそんな散歩がとてもつらく疲れたことをよく記憶している」。このエピソードから分かるように、彼の心はすっかり哲学に向けられていて、彼は自分の思索のアイデアをポケット日記帳に書き綴った。彼は英国国民として果たさなければならない義務を遂行しようと努力したが、また自分の本務である哲学に情熱を燃やし、『哲学的探究』の完成に力を注いだ。この姿は第一次世界大戦中の『論考』の執筆のことを思い起こさせる。

研究と著述の再開

一九四四年の春、ウィトゲンシュタインはケンブリッジに戻ってきた。およそ二年半の期間、彼は戦時協力に費やした。この間大学で私的にセミナールを開いたり、日記帳に思索のことを書き込んだりして、哲学の問題に取り組んだが、それでも哲学の研究に専念できたのではなかった。ケンブリッジに戻ってくると、彼は哲学の活動に精力的に取り組み、それまでの『探究』に著述の他に、新たに数学の基礎の問題に関心を持って、その考察をも深めていった。

彼は大学に戻ると、「数学の基礎」に関するこれまでの手稿を一部まとめると共に、『探究』の完成に力を尽くした。後期ウィトゲンシュタインの思想である『探究』は、実に長期にわたって執筆され、どこにその起源を求めるのかは一義的には定められない。出版は、彼の死後の一九五三年のことである。そこに掲載されているものは、一九三〇年代の前半にまで遡り、さまざまな草稿と重複しているものもある。しかしおよそその執筆は、一部だけでも一九三六年の秋から、四六年の春までの一〇年間になされ、二部の完成は一九四九年までかかった。ただ彼は『探究』の草稿に手を入れ、書き加えている。彼が何度かこの書の出版を企てながら、生前に実らなかったのは、彼のあくことなき哲学的探究心により、さまざまな新たな哲学的アイデアが湧き起こってきて、それらのアイデアを彼はつねに以前の草稿に組み入れていったからであった。もう一つ彼が推敲を重ねて、書き綴った草稿を完成させなかった理由は彼の心理学への新たな関心であったと推定される。

数学から心理学の研究へ

ムーア　　ホートンの素描

ウィトゲンシュタインは一九四五年から「心理学の哲学に関する考察」を執筆し始めた。そしてまたセミナールも「心理学の哲学」という題目にしており、彼の関心は心理学に向けられている。彼にとって数学の哲学と心理学の哲学はまったく違った問題ではなく、根本において同一の問題であった。

彼がムーアに宛てた手紙に彼の心理学の研究の動機が書かれている。「昨日あなたが発表された論文を私がどんなに嬉しく思ったかをお伝えしたいのです。最も重要な点は、〈この部屋に火があるが、私はそれがあるとは信じない〉という言明の背理であったように思われます。私はあなたがされたように心理学的な理由で背理と呼ぶことは私には誤りか、きわめて紛らわしいと思われます。（もし私が誰かに〈隣の部屋に火がありますか〉と尋ね、そして彼が〈あると思います〉と答えるならば、私は〈関係がない。私は火について尋ねているのであって、あなたの心の状態についてではない〉とは言うことができません）。しかし私が言いたいのはこのことなのです。実際に矛盾に似ているようなものが背理であると指摘することは、実際はそうではないが、大変重要なので、あなたの論文を出版されるよう希望いたします。……そしてこのことは論理は論理学者が考えるほど単純ではないことを示しています。とりわけ、矛盾は人々が実際に考えているほどユニークなものではありません。それは論理的にのみ認められない形式ではありません。それは事情によっては認められます。このことを示すことがあなたの論文の主な長所であると思われます。一口に申し上げればあなたは発見をされたのです。それを出版すべきだと思います」（一九四四年一〇月）。ウィトゲンシュタインは心理学への関心　もとよりすでに青年の時から持ちつづけており、彼がマンチェスター大学に入っていた頃から心理学の実験に関心を示している。したがって、このムーアの発表が刺激となり、それ以来心理学の研究に取り組むようになったというのではない。しかし、ムーアの発表が刺激となって、本格的に心理学の哲学に取り組む契機になったことは否めない。

教授辞任

彼のケンブリッジ大学での生活は多忙であった。彼は講義に、私的な研究会に、そして毎週開かれるモラル‐サイエンス‐クラブの会合などに出席し、他に自分の哲学研究及びその執筆などに携わり、心身ともに疲労した。彼は何事に関しても熱中し、没頭し、そして義務感をもって事にあたる性格のため、大学の教授の仕事は大変なものであったと想像される。彼は心身の疲労の様子をマルコムへの手紙に書いている。「私の精神はひどく混乱している。私は授業以外では、長い間仕事らしい仕事をしていない。先学期はよかったのだが、いまは私の頭脳は焼けた家のようで、周りの壁だけがとり残されて黒焦げになっているようだ。明日、講義だ、何ということだ！」。

この手紙で彼は当時の自分の置かれた立場及び心境を素直に述べている。それから彼の疲労感は高まっていき、翌年には辞職について触れている。「近頃私の精神はかなり混乱している。秋に教授を辞めることはほぼ確実だ。……今はどこかで独りになりたい。そして少なくとも私の本の一部を出版したい。ケンブリッジで教えている間は、出版することは決してできないだろう。また私は執筆とは離れて、誰とも話さなくてもよく、独りで考える時間がたっぷり欲しい。しかし私の計画についてはまだ大学当局とは話してはいない。一〇月になって、はっきりと決心するまでは話さないつもりだ」。

それから三か月後、彼は辞職を決意した。「オーストリアから戻るとすぐに副学長に辞表を提出した。つまり私は一二月三一日午後一二時で教授でなくなるのだ。どうなったとしても(私の将来の見通しはまったくない)、当然のことをしただけだという感じである。およそ三週間アイルランドに行ってみるつもりである。……ここ二、三年に書いたものを口述させているので、最近とても忙しい。それはとてもできが悪いが、携帯できるようにしたい。ムーアには週に一度会っている。以前よりも彼と一緒にいるのが楽しい。どうやら私たちはお互いによく理解するようになったようだ」。

ウィトゲンシュタインは一〇月に副学長へ辞表を提出し、その時は慰留されたが、彼の決意は固かった。ただ彼には一学期間有給休暇を取る資格があるということで、彼はその学期を休むことになったが、結局は彼の辞表は受理され、マルコムへの手紙にあるように一二月三一日をもって念願通り教授の職を辞して、彼は哲学の研究と著述に専念できる身となった。

アイルランドでの生活と最後の生

孤独な海辺で

ウィトゲンシュタインはマルコムへ手紙を出してから間もなく、アイルランドへ行った。そこからまたマルコムへ手紙を書いた。「今日私は上記（アイルランドのウィックロー、レッドクロス）に移ってき、ダブリンからバスで二時間半から三時間ぐらいの所にある小さなゲストハウスにいます」。彼はそこに滞在し独り執筆に専念した。それまで抑制されていて果たそうと思ってもできなかった仕事への意欲がどんなに激しいものであったかは想像に難くない。しかし翌年の二月の手紙には、「私は現在体の調子が大変いい、それに仕事の方も悪くはない。私は時々神経不安定の奇妙な状態に陥る。それが続くあいだまったくうんざりさせられるという以外にない。運を天に任せる以外にない。……ここでは誰も話し相手がいない。これは良いことでも悪いことでもある。時々本当に親しくコトバを交わせることのできる人がいればいいのだが。話をする必要はない。時々笑いかけることのできる人であればいいのだが」。ここには仕事に専念している様子と次第に孤独におびえていく姿が描かれている。そしてそれから一か月して、「私の仕事はまったく遅々としていて、苦労しているが、しかしどうやら進んでいる。もっと仕事のできる能力があり、

ウィックロー-ホテル　ウィトゲンシュタインはここに泊った。

こんなにすぐ疲れないといいのだが。しかし今の状態を引き受ける以外にない」という手紙をマルコムに出している。
それから六週間後に、アイルランドのレンヴァイル局のロスローコテージからの手紙には、「この手紙は主として住所変更通知のためです。最近は不調で、心も精神も身体もよくない。何週間も極度にうつ状態が続き、それから病気になり、現在も良くなく、まったく虚な状態にある。ここ五、六週間は何も仕事をしていない。今ここ西海岸の海に面した小屋に独り文明から遠ざかり住んでいる」という内容が書かれている。そして六月には、少しずつ回復している様子が書かれ、さらに彼の毎日の生活の様子が書かれている。「この辺はかなり荒涼としている。私はここで散歩を楽しんでいる。もっともそんなに長くは散歩はしていないが。色々な海鳥を見るのは好きだ。私はただ一度しか見ていないが、アザラシも見かける。毎日牛乳を持ってくる人以外は誰も見かけない」。同じく六月に「私の仕事はうまくいっていない。ただ少しは進んでいる。……もし私の哲学の能力が尽きてしまったら、運が悪いだけ、それだけのこと」。彼はロスローコテージに八月まで滞在した。それからウィーンで数週間過ごした（癌の姉ヘルミーネを見舞うために）あと、ケンブリッジで一〇月に二週間ほど原稿の口述をし、ダブリンにいる友人ドゥルーリーを訪問した。「ここに来たら、驚いたことには再び仕事ができるようになった。私の脳髄に太陽が輝いている束の間に、干し草を作りたいと願い、この冬はロスロには戻らないで、あたたかく静かな部屋のあるここにとどまることにした」という手紙をマルコムに書いた。

ダブリンでのエピソード

ウィトゲンシュタインが滞在したホテルは、フェニックス公園とロイヤル動物園のすぐ近くにあった。ドゥルーリーの計らいで動物園に自由に出入りができた。彼はそこで食事をとった。彼はそのことを気に入っていた。ホテルの受付の若い女性が彼にとても親切だったので、彼はその女性を食事に一度招待したことがあったが、それがホテルの従業員たちにセンセイションを引き起こした。また次のようなエピソードがある。ウィトゲンシュタインはダブリンの街のあるコーヒー店によく昼食をとるために通った。そこで彼はオムレツと一杯のコーヒーといつも同じものを注文した。彼がそこを気に入ったのは、ウェイトレスと顔なじみになり、一言も話さず、彼の注文も聞かなくとも、彼女がオムレツとコーヒーを彼に持って来てくれたことであった。「すばらしい店だ。こうしたことがなされているのは非常に良い管理がなされているに違いない」と彼は言った。

ここでは彼の仕事ははかどった。ある時は昼食も忘れ、仕事に熱中した。その様子をドゥルーリーは次のように紹介している。昼食を一緒にすることになっていたので、彼がウィトゲンシュタインを訪ねると、「この仕事が終わるまで、ちょっと待ってくれ」と言い、それから彼は一言も言わず二時間も仕事を続けた。仕事を終えた時には、昼食の時間はとっくに過ぎており、昼食の約束をすっかり忘れているようであった。

ドゥルーリーとの対話

彼らはよくフェニックス公園を散歩した。散歩しながらいろいろな話題に触れた。以下その時の哲学者たちについての対話をとりあげてみよう。

ウィトゲンシュタイン（以下略してウとする）「バークリーとカントは非常に深い思想家だと思う」。

ドゥルーリー（以下略してドとする）「ヘーゲルはどうですか」。

ウ「私はヘーゲルと肌があうとは思わない。ヘーゲルは異なって見えるものが本当は同じものであるといつも言おうとしていたようだ。それに対して私の関心は、同じように見えるものが本当は違っているということにある。私は自分の本のモットーを『リア王』の〈私はきみたちにさまざまな相違を教えよう〉という引用句を用いようと考えた時があった」。それから、彼は笑って言った。「〝汝は驚くであろう〟もモットーとして悪くない」。

ド「一時期私はキェルケゴールを読むと非常に混乱して、眠ることができなかった」。

ウ「きみはキェルケゴールを読むべきではないかもしれない。私はいまは彼を読むことができない。キェルケゴールは非常に長々と繰り返し同じことを言っているので、〝おお、分かった、分かった――あなたの見解に同意しますよ〟と言いたい」。

ド「カントの基本的なアイデアは、彼が中年になるまで思い浮かばなかったというので驚きました」。

ウ「私の基本的なアイデアはずっと若かった時だ」。

ド「ショーペンハウアーは？」

ウ「駄目ですね。私はショーペンハウアーが自分の哲学から何を得たのかをまったく明瞭に理解できると思う――しかしショーペンハウアーを読むと、きわめて容易にその底が分かるように思える。彼にはカントやバークリーが深いという意味での深さはない」。

ド「プラトンの『パルメニデス』を読もうと努力していますが、皆目分かりません」。

ウ「その対話編はプラトンの著作で最も深遠なものと思いますよ」。

ド「アリストテレスのものを何か読まれましたか」。

ウ「ここにアリストテレスの一語も読んだことはないかつての哲学の教授がいる！」

次にウィトゲンシュタイン自身の著作について、対話から彼の意見を抜き出してみよう。

ウ「ブロードが『論理哲学論考』について、それが高度に濃縮されたものであると言っているのはまったく正しい。『論考』のどの文章も一章の見出しとして見るべきで、さらに説明が必要なのです。私の現在の文体はまったく違っている。私はその誤りを避けたい。教授職を断念した時、私は遂には自分の虚栄心を脱することができたと考えた。いま私は自分が書いている文体には自信がある」。

「私が現在書いているものをきみが将来読むことができればと思っています。現在人々は私がいま書いているようなアイデアを欲しているとは思わない。しかし多分百年以内には人々は欲すると思う」。

「音楽が私の人生で占めている意味の全てについて私の本で一言で語ることは私にはできない。それではどうしたら私は理解されるのであろうか」。

彼らはフェニックス公園をあるいは動物園を散歩しながらいろいろな話題に触れた。彼らは散歩中に辺りに見られる植物の新鮮な香りをかぎながら、そして小鳥たちのさえずりを聞きながら、自然のすばらしさについて語り、世界の創造について語った。また彼らの話題は、ギリシア古典の世界、ヘブライの世界、聖書や教会、音楽や芸術などさまざまな問題に触れた。

ウ「君の宗教的観念は聖書によっているというよりギリシア的であるようだ。それに対して私の思想は百パーセント、ヘブライ的です」。

ウ「ドゥルーリー、きみの好きな福音書は何ですか」。

ド「私はその問題を今まで自分に尋ねたことはないのです」。

ウ「私はマタイ伝ですよ。マタイ伝福音書は私には全部が含まれているように思われます。ところで、私は第四の福音書（ヨハネ）を理解できない。私はそれらの長い説話を読むと、私にはそれがまるで共観福音書（マタイ・マルコ・ルカの三福音書の総称）とは違った人が語っているようだ」。

ある日ドゥルーリーがトルストイとドストエフスキーに触れ、彼がドストエフスキーの方が好きだと述べた時、ウィトゲンシュタインはそれに同意し、それからトルストイの『民話』に触れて、「トルストイのその短編は永遠に生きる。それは全ての人に対して書かれている」と述べた。またその時ドゥルーリーは、トルストイがカトリック信仰から遠ざかっていた彼の兄弟の死にさいして、カトリックの儀式に従って埋葬したことを話した。それを聞いて彼は「私も同じ立場にあれば、そうしていた」と答えた。

「神の御意志があれば」

ドゥルーリーによれば、ウィトゲンシュタインはこの頃体の調子を悪くしていた。彼は、右腕に痛みが周期的に起こり、極度の疲労感があると言っていた。ドゥルーリーはトリニティーカレジの教授に診察を薦めた。それに対して彼は、「いいですよ。彼の所に行って診てもらってくる。ただきみにお願いしたいのは、私はどこが悪いのかを

——私に率直に説明することを——正確に告げられるのを好む分別のある人間だということを伝えて欲しい」という条件で、診てもらうことに同意した。そこでの診察の結果、彼は精密検査のために入院することになった。診断は原因不明の貧血症ということであった。彼はしばらく治療を受け、次第に回復し、腕の痛みを訴えなくなった。

彼は教え子で、アメリカにいるマルコムから招待を受け、一九四九年の夏をアメリカで過ごすことになった。ドゥルーリーがウィトゲンシュタインのアメリカ行きの荷造りの手伝いに行った時、彼は大きなノートや草稿の入った包みを荷造りしていた。「私はオーストリアの旧友の牧師から手紙を受け取った。そのなかで彼は、神の御意志があって、私の仕事がうまくいくことを希望すると言っている。私が望むことと言えば、神の御意志があれば、ということでしかない。バッハは彼の『オルガン小教程』の表題の所に〈いと高き神の栄光のために、そして私の隣人がその恩恵あらんことを〉と書いた。これが私の仕事について言いたいことです」。バッハにならって、彼は神の御意志があればという希望を抱き、残された仕事を継続してするためにアメリカに向かった。

「私はヨーロッパで死にたい」

一九四九年七月、ウィトゲンシュタインはアメリカへ行き、ニューヨーク州のコーネル大学のあるイサカで過ごした。滞在していた一か月ないし六週間、彼の体の調子はとてもよかった。彼は到着して間もなく、マルコムと『探究』を一緒に読んだり、あるいは他の人を交えて哲学の議論をしたり、フレーゲの本を読んだり、またコーネル大学のマルコムの哲学の同僚たちを加え、哲学の諸問題を論じたりした。彼は熱心にしかも激しい調子で議論を闘わせた。こうしたさまざまな哲学的議論で特記すべきことは、マルコムとの間で交わされた、ムーアの「外的世界の証明」と「常識の擁護」に関する議論であった。それは「知っている」という言葉の用法をめぐって展開された議論で、確実な知識の何かを論じ、証明しようとするものであった。ウィトゲンシュタインはここでなされた議論を基にして『確実性の問題』を執筆している。

ウィトゲンシュタインは哲学の議論に熱中したが、そこでの生活に疲れ、彼の健康は著しく衰えていった。彼の両肩は激しい滑液包炎を起こし、不眠状態になり、極度に体が衰弱していった。医師は入院して、精密検査をするように取り計らってくれたが、入院にさいし、彼は病気にばかりでなく、精神的に怯えた。その怯えは、彼の父親がガンで亡くなり、姉もガンで、自分もガンの可能性があるということではなかった。怯えは入院し、病床にあったまま生ける屍となり、死を待つということに対してであった。「私はアメリカで死にたくない。私はヨーロッパ人だ――私はヨーロッパで死にたい」と彼は自分の心境をマルコムに吐露した。「ここに来るなんて、馬鹿だった」と叫び、しきりに後悔した。しかし検査の結果は、特に悪いところがないということであった。彼は病院に入院する必要がなくなり、帰国を延期する心配も、生ける屍となって死を待つ心配もなくなると、彼の体力は驚くべき速さで回復した。

ウィトゲンシュタインは一〇月英国に帰国し、そして一二月の初旬、ケンブリッジからマルコムに次のような手紙を送った。「医師がとうとう診断を下しました。前立腺ガンでした。これはある意味では、まずいことになりそうです。といいますのは、ある薬があって(実際にはあるホルモン)、それが病状を抑え、数年間生きられるという話だからです。医師は私が再び仕事ができるようになるとさえ言っていますが、私はそうは思わない。私は自分がガンであると聞いた時まったくショックではなかったが、しかし何とか治療できると聞かされた時はショックでした。私は生き延びたいとは考えていないからです。しかし私の望みは叶えられそうもありません」。

死の覚悟

彼はすでに死を覚悟していた。アメリカから帰ってくると間もなくウィーンに向かい、そこで彼は姉を見舞った。そしてウィーンに残した彼のノートや草稿を破棄し焼却した。二月に姉の死を看取ると、彼は身辺の整理をし、四月には英国に戻ってきた。この間彼は知人や友人たちと交わる一方で、最後の執筆に没頭している。ウィーンから戻ると、彼は教え子で、オックスフォードにいるアンスコムの所に住んだ。その時ジョン＝ロック講演を依頼されたり、またマルコムからロックフェラー財団からの研究費の援助の話もあったが、それらを全て断った。彼はマルコムへの手紙にその理由を書いている。その要旨を述べると、歳をとるに従って思考力が著しく低下し、疲労が甚しくなっており、体は慢性貧血のために、病気に冒されやすい状態にあり、仕事ができる期間が少なくなってきている。それゆえ約束の仕事を果たすことができそうもないということである。このような身で「私には胡魔《こま》かして研究費を受けることは絶対できない」というのである。しかしそれでも「生きている限り、私の精神の状態が許す限り、私は哲学的諸問題について考え、執筆し続けるつもりだ」と書いている。彼は生きている限り、執筆を続けようとして、かつて『論考』や『探究』を執筆したノルウェイに滞在することを決め、友人と数週間過ごしたが、友人が病気のため、一時英国に戻った。彼はもう一度ノルウェイ行きを図ったが、実現しなかった。一九五〇年一一月にはドゥルーリーを通して知り合いになったケンブリッジのベヴァン医師の所に移り、そしてウィーンで最後となったクリスマスを過ごした。それからオックスフォードに戻り、遺言を作成してラッシュ＝リースを遺言執行人、アンスコム、フォン＝ウリクト、ラッシュ＝リースを遺稿の管理者とした。彼は「オックスフォードは哲学の砂漠だ」とか、オックスフォードの哲学のサークルは「インフルエンザ感染地域だ」などと言って、オックスフォードを去り、ケンブリッジのベヴァン医師の家に移った。一九五一年二月のこ

ベヴァン夫人　ウィトゲンシュタインは，ベヴァン家で看護をうけ，生涯を閉じた。

とであった。

「考えることを止めるな」

ウィトゲンシュタインが最後の生を送る場所としてベヴァン宅に選んだのは、彼が病院で死ぬということに恐怖感を抱いていたので、ベヴァン氏が彼に自分の家で過ごすよう引きうけてくれたからであった。彼の容態は悪化していったが、それでも彼は気力で生き抜き、訪れる友人と語り、散歩し、そして最後まで筆をとった。以下はドゥルーリーと交わした談話である。

ウ「医師が私にホルモンとX線治療を続けても無駄で、あと数か月しか生きることができないと言った時に、私にはとても救いだった。ご存知のように、私の生涯を通して私は医師を批判してきた。しかし最後になって、私は本当に優れた三人の医師に出会えたことはとても幸運だった。最初は、きみがダブリンで紹介してくれた教授、それからマルコムがアメリカで私に引き合わせてくれた医師、そして現在のベヴァン博士です。長くないのは分かっているが、〈将来の生〉について考えないことが奇妙だ。私の関心の全ては、この世の生とまだすることのできる執筆にある」。

二人は、それから旧約聖書にある物語について語り、意見を闘わせた。二人の意見が合わなくなった時、ウィトゲンシュタインはドゥルーリーに「それは私が話していることとまったく関係がない。きみには分からない。まったく深さが欠けている」と叱った。彼はすでに自分の命がないことを自覚していた。それでも彼は激しい気性を失わなかった。そして彼はドゥルーリーを駅まで見送りに行き、別れ際に「どんなになろうとも、考えることを止めては駄目だ」という言葉をドゥルーリーに与えた。これが教え子のドゥルーリーの聞いたウィトゲンシュタインの最後の言葉であった。

ウィトゲンシュタインの最期

四月二六日は彼の誕生日であった。ベヴァン夫人は彼の誕生祝いにある贈り物を贈り、「誕生日おめでとう、幾久く、永らえますように！」と祝った。それに対してウィトゲンシュタインはベヴァン夫人の顔をじっと見つめ、「もう永らえることはないでしょう」と答えた。翌日ウィトゲンシュタインは散歩に出た。その夜病状が急に悪化した。それでも意識ははっきりとしていて、ベヴァン博士にあと数日の命だと言われた時、「よろしい！」と答え、そして看護にあたったベヴァン夫人に「私はすばらしい人生を送った、と彼らに伝えて下さい」と言って、意識混濁《こんだく》に陥った。一九五一年四月二九

ウィトゲンシュタインの墓　セント－ジャイルズ墓地にある。

日、六二歳の生涯を閉じた。

彼の葬儀は、駆けつけたドゥルーリーの提案によって行われた。彼はウィトゲンシュタインが生前に彼とトルストイの話をし、そのなかでトルストイが兄弟の死にさいして、取ったやり方と同じにして欲しいと述べていたことを提案し、それが実行された。遺体はセント-ジャイルズ墓地に埋葬され、ローマ教会の牧師が墓にたち、そこでお祈りを捧げた。墓は前頁の写真にあるように地面に埋められ、簡素にただ次のように刻まれている。

LUDWIG WITTGENSTEIN 1889—1951

『哲学的探究』の課題

『哲学的探究』の完成

ウィトゲンシュタインが再び哲学に復帰して以来の彼の哲学の研究を過渡期の哲学としてみてきた。しかし彼の過渡期の一連の哲学の研究は、『哲学的探究』(『探究』)の完成へと向けられていた。彼はこの書を生前に刊行しなかったが、事実上この書は完成しており、すでに序文も書かれている。それには「以下において、私はこの一六年間に没頭してきた哲学的探究の沈殿物である思想を公刊する。それは意味、理解、命題、論理の概念、数学の基礎、意識の諸状態、その他、多くの問題に関わっている」と書かれている。この書は哲学復帰後の彼の思索の遍歴の一連の風景のスケッチを記した一六年間の思索の結晶であり、その課題は、今引用した意味、理解などの言葉をめぐる諸問題であった。「一六年前に再び哲学に従事するようになって以来、私は自分が最初の著書(『論理哲学論考』)で書いたことのなかに重大な誤りのあることを認めなければならなかった」と書き、彼は『論考』で展開した思想の反省に立って、この書を発刊したと述べている。「私は私の最初の書(『論考』)を再び読み、その思想を説明する機会があった。その時突然私はその旧著の思想と新しい思想とを一緒に刊行すべきであり、新しい思想は自分の古い思想との対比によってのみ、またその背景においてのみ正当な照明が受けられると考えた」と書き、この書が『論考』との対比によって理解されるべきことを彼は強調している。「過渡期の思想」の章において、幾つかの相違を挙げてきたが、ここでは彼の哲学の姿勢についてどのように対比されるのかをまず見てみるとしよう。

『論考』から『探究』へ

『論考』は言語批判を哲学の課題とし、「語り得るもの」と「語り得ないもの」との間の限界の画定にあった。こうした哲学的精神に関しては、『探究』も基本的には同じである。ただ『論考』は伝統的な哲学的問題に真正面から取り組んだ。一般的に哲学の探究は〈ものの本質の把握〉にあるとされるが、『論考』もその立場に立ち、〈言語、思考、世界〉の本質を求めた。「思考とは何か独特なものでなければならない」(95、以下『哲学的探究』I部からの引用はパラグラフ-ナンバーを示す)として、「思考の本質、論理の秩序、しかも世界のア-プリオリな秩序ないし世界と思考とに共通でなければならない可能性の秩序を描き出すこと」を目指している。『論考』は「その探究の特殊さ、深遠さ、重要さは、それが言語の比類なき本質、つまり命題、語、推論、真理、経験などの諸概念の間に成り立つ秩序を把握しよう」(97)としたのであった。

『探究』は、「深遠さや高みに事柄の本質が隠れている」という考え方、つまり「言語や思考や世界の本質を問う」という哲学的姿勢に対して、哲学することの「中断」を提案している。そして哲学の探究が目指すものを「私たちにとって最も重要なものの様相はその単純性と日常性によって隠されている」(129)として、『探究』は私たちの日常性に目を向け、私たちが気づかないで、覆《おお》い隠されているものを見出したり、あるいは私たちが誤解したり、混乱しているものの誤りを匡《ただ》すことを促がしている。ウィトゲンシュタインに従えば、哲学することは何か特異なこと、驚嘆するようなことをするのではない。哲学は何か特別なことをするのではないし、また哲学することによって何か重要なことがなされたり、何かが創造されたりするのでもない。「哲学は全てをあるがままにしておく」(124)。「あるがままにする」というのは、そのままに放置するというのではなく、「本来的にあるがままにする」ことを意味する。それは、哲学の役割が言葉（例えば、知識、存在、対象、自我、命題、名辞など）を用いてものの本質を把握しようとしている時、その言葉が、その故郷である言語のなかで実際どのように用いられているのかを問い、言葉を日常的用法へと連れ戻すことにあることを意味する。

『論考』にも「日常の言語は人間の有機的組織の一部である」(4.002)、「私たちの日常の言語の全ての命題は、あるがままで論理的に完全に秩序づけられている（私たちの問題は抽象的ではなく、最も具体的に存在しているのである）」(5.5563）と書かれ、ウィトゲンシュタインの日常の言語に対する深い関心が示されている。しかし『論考』が直接に関わったのは「言語、思考、世界の本質」であり、日常言語よりも人工的言語であった。それに対して『探究』は直接に日常の言語の本来的な用法に向けられている。

哲学の目的

『論考』は日常の言語に秩序のあることを指摘しながら、それでも日常の言語は多義的であり、混乱していることを指摘している。したがって『論考』は日常の言語を理解する暗黙の協定は錯綜《さくそう》し、言語の論理を日常の言語から引き出すことが人間の能力では不可能であると主張している。『探究』ではこうした日常言語に対する曖昧さはなくなっている。『探究』は日常言語に関して次のように述べている。「私たちの言語に含まれるどの文章も〈そのままで秩序がある〉ことは明らかである。私たちは、自分たちが使っている通常の曖昧な文章にはまだ完全無欠の意味はないのであるから、自分たちが完全な言語を構成しなければならないなどと考えて、理想を追い求めているのではない」、「意味のあるところに必ず完全な秩序があることが明らかであるようである――それゆえ完全な秩序が曖昧な文章にも潜んでいるのでなければならない」(98)。このように日常の言語が十分によく秩序づけられているのであるから、『探究』における哲学の任務は、日常の言語の実際的用法にそくして哲学的問題の解明にあたるべきであって、これまでの哲学がしてきたような、言葉を形而上学的用法へともたらすことを排除し、哲学者たちが構築してきた哲学的体系の空中楼閣《ろうかく》を破壊し、言葉が立ってきたその地盤をはっきりとさせることにある。

ウィトゲンシュタインは「哲学の目的はハエにハエ取り壺から出口を示すことである」(309) と語っている。この意味は次のことにある。哲学は、一般に言われるように天空への上昇にあるのでも魂の自由な飛翔にあるのでもない。もし空を飛ぶものを例とするなら、私たちのごく身近に飛び交っているハエがあげられる。ハエがハエ取り壺に入りこんで出口を見失えば、ハエの自然の姿が束縛される。もしハエに出口を示し、逃してやれば、ハエは以前と同様に自然に飛び回ることができる。彼はハエを引合にして、哲学の問題が実のところごく身近な言葉の実際的用法に関わっているのであり、それをさまざまに束縛しているものを解き放ち、言葉につきまとう誤解、無理解、錯覚を排除し、その本来的にあるがままの用法に戻すことにあることを主張している。それでは私たちはどうしてこのように言葉の本来的な用法に無理解なのであろうか。

言葉の展望と哲学的問題の解消

「私たちの無理解の主要な源泉は、私たちが語の用法を展望していないことである――私たちの文法には展望が欠けている」(122)。彼は私たちの無理解の源泉を展望の欠如にみている。展望が欠けているのは、言葉が実際的な働きをしていない時である。「哲学的諸問題は言葉がお祭りをする時生じる」(38)、「私たちを煩《わずら》わしている混乱は言語が空振りする時に生じ、言語が働いている時ではない」(132)と述べ、彼は、言葉の用法を展望することに哲学の役割があると強調している。後期ウィトゲンシュタインの思想の中心は、「言葉の用法の展望に」向けられている。言い換えれば、哲学は展望のきいた叙述にあり、言葉を本来的用法に戻すことにある。この課題を遂行するために、「哲学は私たちの言語という手段を介して私たちの知性の束縛に対して闘うことにある」(109)。しかしこの課題が遂行された時、一体何が成就されるのであろうか。何か特別なことがなされるのではないというのが彼の答えである。この展望によって私たちを煩わしている言葉の使用の無理解、混乱を除去し、言葉の誤用に治療をほどこし、言葉の用法に見られる種々の病を癒すことが目指されている。病気は治ればもはや治療は必要ではない。それと同様に、哲学諸問題も明確になれば消滅してしまう。「私たちが求める明晰さは完全な明晰さである。しかしこのことはたんに哲学的問題が完全に消滅すべきであることを意味している」(133)。

この立場は『論考』の立場と基本的にまったく同一である。『論考』は哲学的諸問題の解明を課題として、哲学的問題の消滅を目的としている(4.112,6.54)。彼は哲学的問題の解明及び消滅にあたって、「本当の発見とは、私が望む時哲学することを中断させるような発見のことである――それは哲学に安らぎを与え、それゆえに哲学が哲学自体を問題にすることのないような発見のことである」(133)と述べ、『論考』と基本的に同じ言語批判の精神で、『探究』においても哲学的問題の解明及び消滅を目的として言語の問題に取り組んでいる。

『哲学的探究』の思想

文法的考察と哲学の病の治療

「哲学の病の主たる因――偏食。人は自分の思考をただ一種類の例で養う」(593)。偏食とは言葉が一様に機能するという考えであり、このような一般的な解釈によって言語の問題を解釈することに哲学の病がある。こうした病の治療にさいして、ウィトゲンシュタインがとった方法は、言葉の実際的用法を実例にそくして記述するということであった。「哲学は最終的に言語の用法を記述できる」(124)。といっても言語の用法は実に多様なのであって、それを一つの方法に限定して記述したり、あるいはさまざまな用法を包括する統一的な記述法を見出すことに哲学的問題の解明があるのではない。言葉の実際的用法の記述を通して、以前から知られたことを整理整頓し、そこに誤用や混乱があればその秩序を回復することである。このような言語の働きを洞察する哲学的考察が文法的考察である。

彼のいう「文法」は、いわゆる私たちが学校で習う国語の文法とか英文法のことではない。「文法は記号の用法を記述するだけである」(496)。したがって「文法」は言葉の実際的用法の記述にかかわる。彼は『探究』以前の著『哲学的文法』においてすでに文法的考察をしていて、そこで「文法は言語の規則を含む」が、文法は「言葉の実際的用法の記述であるので、言語の営業簿と言える。したがって言語の実際の業務処理に関することは全てその営業簿からみてとることができる」(43, 44)と述べている。そして彼はさまざまな文法について語っている。例えば語の文法、〈痛み〉という語の文法、状態の文法、数の文法、時間の文法などについて語っているが、彼はこうした多様な文法に共通する文法とか、文法規則などを語ろうとしているのではない。彼の文法的考察は言葉の実際的用法の記述に向けられ、具体的には語や文の意味の考察に向けられている。

言葉の意味の理解

例えば〈語や文が分かるとか、分からないということの意味は何か〉と問うのが文法的考察である。といっても〈分かる〉という言葉を〈心的過程とか状態〉というように、一般的に取り扱われているように心理学的な意味に解するのではない。〈ある言葉が分かる、あるいは理解する〉ということは、〈その言葉の用法を知っていること〉、〈その言葉を適用できること〉、〈その言葉の意味を理解していること〉を意味する。それでは〈言葉の意味を理解する〉というのは一体どういうことなのであろうか。『哲学的文法』には、「文法における一つの語の位置がその語の意味であると説明したい」、「意味の説明は語の用法を説明する。それぞれの語の用法がその語の意味である。文法は言語における種々の語の用法を記述する。したがって言語と文法との関係はあるゲームとそのゲームの記述つまりゲームの規則の関係に似ている」(23)と述べられている。意味を説明するのに最も簡単な説明は直示的説明である。例えば「赤い紙片」を指しながら、〈これは赤である〉と言えば、その紙片が長いとか、丸いなどの、長さ、形、その他のことを述べているのではなく、その紙片の色が赤であるということを、つまりそれが赤であるという意味を述べている。この意味で「文法における語の位置がその語の意味を規定している」のである。例えば〈この円は「赤」である〉という文において、〈この円〉が主語である限り、述語の「……」に入る語は限定される。〈この円は「四角」である〉という文では、「四角」という語は間違った適用である。この「……」という述語に入る語は、この場合色とか、大きさとかに限定される。この意味で語の使用は実際の適用を無視することができない。それゆえ〈ある言葉の意味が分かる〉というのは〈その言葉の適用される文法上の諸可能性を知っている〉ということである。

しかし適用の文法上の可能性を知るといっても、ある文において、ある主語が与えられればその述語を全て思い浮かべる(一瞬のうちにでも、時間をたっぷりかけたとしても)ということを言っているのではない。私たちは上に挙げた〈この円は「赤」である〉という文でみたように、「この円」という主語に適用される述語の全てを思い浮かべることは不可能である。ここで文法上の可能性というのは、語及び文の適用の全ての可能性を体系的に追究することではない。後期ウィトゲンシュタインの哲学的探究は日常の言語にあったが、日常の言語の秩序を論理的体系にもたらすことにあったのではなかった。

言葉の意味とゲーム

彼の哲学的探究は、言葉は一体事実上どのように使われているのかということの考察にある。どの言葉の使用も通常の文法規則の枠内にあり、どんな発話も一つの言語体系が前提されている。しかしだからといって私たちは一つの言語の体系を熟知していなければ言葉を使えないのではない。例えばある幼児について、〈その子が言葉を使える。その子が言葉を知っている〉と一般的に言う時、それは、その子が文法規則を知っているとか、一つの言語を修得しているというのではない、その子が言葉を使って他人と結構（あるいは十分に）交信でき、他人と言葉のゲームができることを言っている。つまり〈言葉を知っているとか、分かる〉というのは、他人と交信できること、言葉のやりとりでもって意思疎通ができることを意味している。それゆえ言葉の理解はゲームをすることになぞらえられる。例えばチェスのゲームが分かるということは、チェスの駒の名前やその規則をたんに覚えることではない。無論チェスのゲームが分かることのなかにはそれらのことを知ることが含まれる。しかしそのことがチェスが分かることの絶対条件ではない。駒の名前を知らなくとも、駒の動かし方が分かり、規則を全て知らなくとも実際にゲームできれば、チェスのゲームが分かると言われる。言葉もまったく同様である。言葉が分かるということは言葉を実際に使用でき、言語というゲームができることである。

言語活動の基盤としての言語ゲーム　ウィトゲンシュタインは言語をゲームという観点から考察している。ところでどのゲームも規則に従ってなされるが、しかし全てのゲームに適用できる規則はない。確かにゲームを相互に比較してみると、そこに類似点は見出されるが、厳密に言えば一つ一つのゲームは違っている。言語ゲームも同様である。一つ一つの言語のゲームが異なった文法をもち、適用もさまざまである。したがって言語ゲームの何かを知るためには、実例にそくする以外にない。ここで彼が挙げる言語ゲームの諸例を紹介するとしよう。

「命令する。そして命令に従って行動する——
ある対象を観察によって、あるいは測定によって記述する——
ある対象をある記述（素描）によって構成する——
ある出来事について推測する——
ある仮説を立て、検証する——
ある実験の結果を表や図で示す——
ある物語をつくり、朗読する——
演劇をする——
輪唱する——
謎を解く——

ジョークをつくり、それを人に言う——

算数の応用問題を解く——

ある言語をほかの言語に翻訳する——

お願いする、感謝する、罵る、挨拶する、祈る——」(23)。

彼は〈言語ゲーム Sprachspiel〉を「言語を話すということがある活動の、またはある生活形式の一部である」(23)ことを明らかにする言葉として用いているが、これらの諸例はどれも具体的な生活の一部である。どの生活の形態もこのような類の言語ゲームから成り立っている。現実の生活でなされている言語ゲームは実に多様で、無数であり、時によって状況によってこれまでの言語ゲームが廃《すた》れ、新しい言語ゲームが生まれる。しかし多様な言語ゲームを整理し、分類して言語ゲームの体系を構築したとしても特に何かが解決されたというのではない。また言語ゲームに何か共通性を求めたとしても、それは精々一つの家族の人々の間に見られる種々の類似性（例えば顔のかたち、目つき、体つきなどが似ているということ）が重なり合い、交差しているものを見出す程度である（彼はそれを「家族的類似性」と呼んでいる）。このようにしてウィトゲンシュタインは多様な言語ゲームの営みに目を向けることによって、これまでの言語の一般的考察をし、語を定義し、語の意味を規定し、文の形式を規定することによって、語や文の意味とか形式を正確に規定できるというような、いわゆる言語の普遍的考察を批判し、言語を私たちの生の形式に基礎づけた。

規則と人間の行動

ところでどのゲームも規則に従ってなされるが、ゲーム中の全ての行為が規則に縛《しば》られているわけではない。例えばテニスをする場合、サーブをするさいにボールをどのくらい高くあげなければならないとか、どのくらい強くボールを打たなければならないという規則はない。その場の状況によっていろいろな形でサーブをすることができる。ゲーム中の行為はプレーヤーたちのプレーする時の慣用に従っている。

私たちの言語的行為は言語の規則に従ってはいるが、それにすっかり縛りつけられてはいない。また規則は言語ゲームにおいて一義的な役割を果たしているのではなく、実にさまざまな働きをしている。ウィトゲンシュタインは「規則に従うということは一つの実践である」(202) と述べているが、それは、規則に従うことは言葉が実際に使用される状況によって具体的になされる。言語の規則が言語行為を一義的に規定しているのではない。私たちの言語ゲームはどれもが具体的な生活のなかでなされる。その意味で「人間は言語において一致する。それは意見の一致ではなく、生活形式の一致である」(241)。

言語ゲームの思想的基盤

ここでこうした言語ゲームという考え方は一体どこに求められるのかについて考えてみよう。すでにウィトゲンシュタインがクラウス主義者であることを見てきたが、この言葉の実際的用法を強調する言語ゲームの発想は、同じくクラウス主義者である建築家ロースの立場と基本的に同じである。ロースは「意味は用法である」と言っているが、それは建築において機能を重視し、生活様式にそくして設計されなければならないことを意味する。ウィトゲンシュタインが言葉の意味を重視し、言葉の実際的用法を重視しているのはこうしたクラウス主義的な発想に基づいている。そして彼が言語が生の形式に基づいているという時、この言葉はウィーンに行き渡っていた言葉であった。E・シュプランガーが『生の形式』を書き、それがベストセラーとなっていて、ウィーンの人々には知られた言葉であり、ウィトゲンシュタイン自身もなじみの言葉であった。ジャニクとトゥールミンは、「一九二〇年代のウィーンでは、これは何の説明も要しない文化的な決まり文句の一つであった」（二三〇頁）、「生活様式が哲学の究極のデータであること、また思考の基礎的なカテゴリーや形式がこれらの生活様式や文化に対するこの関係から得られる」（二三一頁）ことが知られていたと指摘している。無論ウィトゲンシュタインはそれをそのまま適用したのではない。彼はそれを独創的な仕方で自己の哲学に組み入れた。さらに彼は、マウトナーの提出した議論、例えば「言語の規則はゲームの規則と同じであり、〈言語〉という言葉を解き明かすのには人々が彼らの全てのさまざまな文化の脈絡のなかで自分たちの言語表現を実際にどのように用いるのかを見る必要がある」（二三二頁）という議論を復活させたのであった。これもまたマウトナーの文化的相対主義や唯名論の立場とは違っていたが、彼はマウトナーの議論をクラウス主義精神で受け入れている。私たちは『論考』の思想が世界記述にあたって「写像理論」と「真理函数論」から成っていることを説明したが、『探究』は『論考』で取り扱った「論理形式」よりは、言葉の実際的用法を重視し、言葉を生活形式に基づける言語ゲームを強調している。言語ゲームの発想は、彼の教師として生徒に言葉を教えた体験とか、彼がロースの方法に倣って実際に建築にあたったことにも大いにあずかっていると言えよう。

私的言語への問い

『探究』は、言葉の実際的用法は何かを課題としているが、その問題は実は哲学的問題が言語の実際的使用と離れて論じられていることに向けられた批判でもある。デカルト以来近代の哲学は、認識主観主義に基づいて認識論を展開して、真理の根拠を主観にみてきた。近代の哲学は認識の根拠を主観の表象、観念、印象、感覚などにおき、認識問題を心理主義的言語によって語ってきた。『論考』は、こうした近代の認識主観主義の哲学とは違って言語の論理性に基づき、言語を心理主義の呪縛から解き放つ努力をしているが、『探究』はさらに言葉の慣用と照らし、認識論に潜む誤謬を指摘し、哲学的用語を言葉の本来の用法に連れ戻す努力であり、その意味で「私的言語」の問題は『探究』の根本主題である。「私的言語とは何か」、「一体私的言語は可能なのか」という問いは、以上の意味において重要な問題であり、もしそれが可能であれば従来の認識論の正当性が主張され、不可能ならそれの誤謬が明らかにされることになろう。

私的言語とは、『探究』に従えば「他人は理解しないが、私は〈理解しているようにみえる〉音声のこと」(269)である。詳しく述べるなら「自分の内的経験――自分の感じ、気分など――を自分自身の使用のために書き付けたり、話したりすることのできる言語」、「話している者だけが知ることができること、つまり直接的で私的なその者の感覚を指し示す筈であるような言語」(243)のことである。このような言語の想定は一見奇妙で、他人に自分の秘密を保持するために自分で言葉を作り出している暗号文のように思われる。しかし私的言語の可能性の問題は深く近代及び現代の哲学的根本問題に根差している。

私的体験と感覚日記

私的言語の問題を扱うのにあたり、まず経験ないし体験のプライバシーのことを考えるとしよう。私たちのどの知覚作用も個的であり、どの経験も〈私〉という個人の経験である。その意味では私たちが受けとるどの知覚内容も私的であり、どの経験も私的である。ここで直接問題になっているのは、こうした私的体験ではなく、私的体験を語ることである。私たちはこうした私的体験を私たちのコミュニティ(社会)において用いられている言語によって語る。その言語はコミュニティの成員に理解される。しかし私的言語は、「他人は理解しないが、私にだけ理解できる」言語のことである。ウィトゲンシュタインはそのような私的言語の存立の可能性を否定し、私的言語の存立を厳しく批判する。彼にとって、そのような言語は「他人は理解しないが、私が〈理解しているようにみえる〉音声のこと」にすぎなく、それは言語の名に値いしない。

ウィトゲンシュタインは、コトバの直示的定義によって成り立つプリミティヴな私的言語の一例として〈感覚日記〉をあげる。それは、自分が繰り返し起こったと感じる感覚をある種のコトバ（記号）に結びつけ、その感覚をもった日にそのコトバを日記につけるものである。ここでまず問題になることは、コトバとその感覚をどのように結び付けるのかということである。かりに私が痛みの感覚をもち、それにあるコトバを与えたとしよう。しかし私はその感覚が痛みの感覚であり、痒《かゆ》みなどの他の感覚ではないとどのようにして同定するのであろうか。またそれにあるコトバを与え、ある痛みの感覚に正しく用いたという時の正しさの基準は一体何か。ここで少なくとも、同一性とか差異性を指示する規則がなければならないであろう。

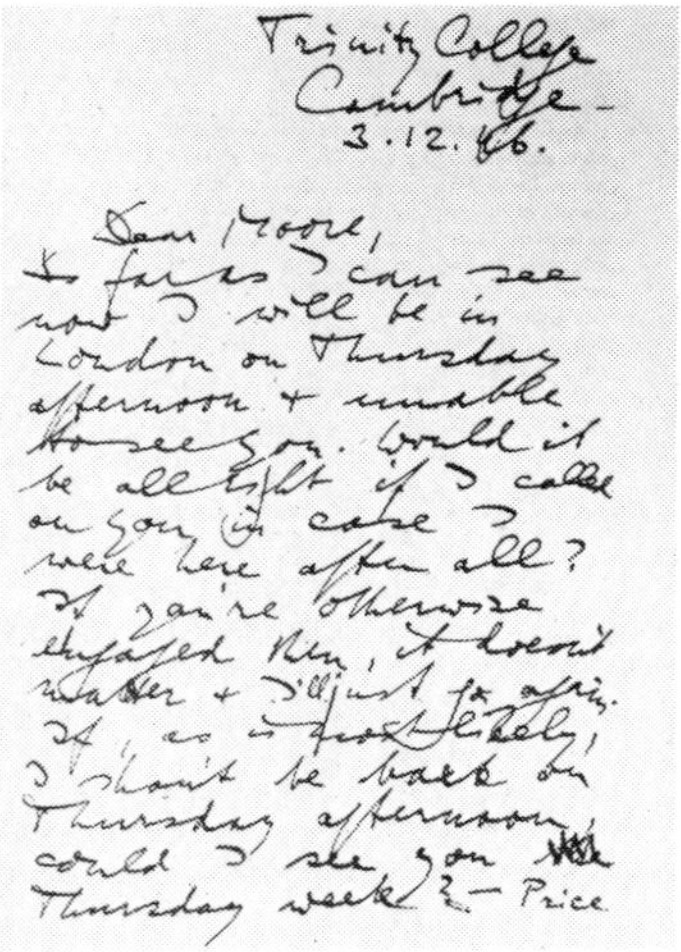
Trinity College
Cambridge
3.12.46.

Dear Moore,
As far as I can see now I will be in London on Thursday afternoon & unable to see you. Would it be all right if I called on you in case I were here after all? If you're otherwise engaged then, it doesn't matter & I'll just go away. If, as is most likely, I shan't be back on Thursday afternoon, could I see you on Thursday week? — Price

ウィトゲンシュタインの書簡
ムーア宛のもの

そうだとすると、私がその規則に従っているということを決めるものは一体何か。この言語では最初から他人が排除されている。したがって私が同じだと決めたものが同じになるだけであり、私が正しいと思うものが正しいのである。私だけが判定者である。もし正しさの判定を他に求めるなら、私以外の他人に訴えなければならない。しかしそうした場合私以外のものを基準にしていることになり、私的言語は私的性格を失い、私的言語は存立しないことになる。私的言語の存立に固執するなら、結局は正しさの基準は私でなければならない。しかしすでに述べたようにその時は私が正しいと思えば正しいことになり、その基準は単に私の印象にすぎなく、私的言語は私の印象から成り立つ言語の印象ということになり、それゆえ私的言語は言語ではないという結論に導かれることになる。

私的言語の発想と誤謬

ウィトゲンシュタインは私的言語の発想が二つの誤謬に基づいていると考えている（ケニー、「ウィトゲンシュタイン」二三八頁）。一つは経験についての誤謬であり、もう一つは言語についての誤謬である。経験についての誤謬とは経験が私的であり、私たちがあることを知っていると主張する時、私たちが真に知っているのは私たち自身の経験だけであり、それは私たち自身の心的状態や心的過程についての私たちの知に基づいているという考え方をしている。この考え方に基づいて、私的言語の擁護者は私たちの経験を言語によって表現でき、私的体験に基づいたことを表現できるような私的言語の可能性を信じ、それに基づき私たちの現実の言語が私的言語であると信じたのであった。彼らはある語が私たち一人ひとりにとって意味を獲得するのは、本質的に個人の心的過程においてであり、その過程においての経験がそれを表示する語と連合して内的にその体験が語に直示的に定義されていると考えた。つまり私的言語の擁護者は私的直示的定義によって語の意味が獲得されると考えた。これは言語についての誤謬である。

〈私だけが理解する言語〉は、こうしてみると実は〈私だけが理解しているようにみえるコトバ〉にすぎないことが理解できよう。私的言語の発想は、感覚的体験（例えば痛み）は感じている人のものであり、他人の感覚を感ずることができないという事実からなされている。しかし〈痛みを感じる〉ということと〈痛みを感じていることを知る〉ということは区別されなければならない。私たちは〈彼が痛みを感じているのを知っている〉と言うことができるが、〈私は自分が痛みを感じているのを知っている〉とは言えないのである。ここで何故言えないのかについて、〈痛み〉という言葉の慣用をめぐる文法的考察をして、そして私的言語の存立が何故不可能かを尋ねるとしよう。

表層文法と「痛み」の文法

（一）、「私は痛みを感じている」。（二）、「彼は痛みを感じている」。（三）、「Xは痛みを感じている」。通常（一）の文と（二）の文とは表層文法において同じ形式を持ち、それらは（三）の文の命題函数として表される。また痛みなどの感覚を表現する文という文以外では、例えば「……は……を感じている」という文以外では、「Xは……である」という文には「私」も「彼」も等しく代入でき、その場合の文は表層文法に従っている。この場合、「私」も「彼」も文法的には同じ用法であり、「X」に等しく代入できるし、その文の言明していることは観察の対象にもなる。しかし「私は痛みを感じている」（Ich habe Schmerzen）という文と「私は虫歯を持っている」（Ich habe faule Zaehne）という文は表層文法に同じ形式を持っていながら、文の用法がまったく異なっている。「私は虫歯を持っている」という文は「彼は痛みを感じている」という文と同じく認知文（真偽を主張することができる文のこと）である。簡単に言えば、検証によって知ることのできる文である。それに対して「私は痛みを感じている」という文は認知文ではないのである。

ウィトゲンシュタインにとって「私は痛みを感じている」というのは痛みの記述ではなく、痛みの自然の表出である。したがって「私は痛みを感じている」は呻《うめ》きや泣き声の代わりとなっている感覚の自然の表出であり、「痛み」の振る舞いそのものである。人は自分の「痛み」におもわず呻いたり、泣く。その呻きとか泣き声には嘘がない。「私は痛みを感じている」という発話も同様で、その表出には嘘がない。「痛み」の表出は自然の振る舞いと同様に間違いようがない故に、それは訂正不可能である。言い換えればこの表出は主体の誤認を免れているのであって、この表出で認知が問題になっているのでもないし、この表出は「痛み」の記述でもない。それゆえ「私は痛みを感じている」という表現に〈知っている〉などの認識的演算子を付けることは無意味である。「私について、人は一般に私は痛みを感じているのを知っていると言うことができない（冗談を云う以外は）。そのことは――私が痛みを感じているという以外――どんなことを意味するのであろうか」（246）。

ウィトゲンシュタインにとって「自分が知らない」と言えないところで「私は知っている」と言うのはナンセンスである。例えば「私は彼が痛みを感じているのを知っているとか、疑うとか、信じている」と言うのは有意味であるが、私が現に「痛み」を感じている時、「私は痛みを感じているのを知っているとか、疑っているとか、信じている」と言うのはナンセンスである。つまり「私は痛みを感じている」という表出は如何なる意味においても認知的ではないのである。

「私」と「痛み」の文法

こうしたことに対して、当然この表出が記述的な場合があるのではないかという異論も提出されることであろう。例えば医師の問診にさいして、「私は頭が痛い」という発話はある意味で私の「痛み」についての報告であり、記述ではないかという問題が提出されたとしよう。しかしその場合ですら、「私は自分の痛みを〈痛み〉として同定するような基準を持っているのではなく、私は同じ表現を用いている」(290)。問診で「私は痛みを感じている」と答えるのは先ほど述べた呻きとは異なっている。私は医師や看護婦などに対して、私の心的状態を言葉で報告している。このような「痛み」という語の言語ゲームも可能であろうし、事実この場合「私の痛み」の報告をさまざまな私の痛みについての振る舞いから、あるいは医師の体験から真偽の対象にすることができ、その意味では記述的である面をもつことは否定できない。しかしこの報告は私が自分の部屋の有様を報告するのとはまったく違っている。私の部屋についての報告は、例えば大きさがどのくらいであり、そこには机とか本箱があるというような報告に関しては、真偽の判定ができる。しかし私の「痛み」の表出は私の部屋の記述とは違っている。

「痛み」という私的な感覚与件にはそれ特有な文法があり、私の「痛み」という言葉の言語ゲームにはいつもある種の私的な意味が担われている。「私的な体験について本質的なことは本来各人が自分固有の見本を持っているということではなく、他人もこれを持っているのかどうか、それとも別なものを持っているのかどうかを知らないということである」(272)。私たちは各人が他人が「痛み」だと言っている言葉を他人の振る舞いから学び、用いているが、私たちは他人の痛みを感じることができない。ただ各人が自分の感じている痛みを「痛み」と表現しているにすぎず、自分の痛みを痛みとして同定する基準も持っていない。したがって「私は痛みを感じている」という表現は私の内的状態の記述とはならない。「〈内的出来事〉は外的基準を必要とする」(580)のであって、私たちがこの基準を持ち得ない以上、一見私の痛みの表出が記述可能であるように見えても、「痛み」という私的感覚に関しては決して記述的ではないのである。

近代認識論への批判

ウィトゲンシュタインは「私は他人の考えていることを知ることができるが、自分の考えていることを知ることができない。〈私は君が考えていることを知っている〉と言うのは正しいが、〈私は自分が考えていることを知っている〉と言うのは誤りである。〈哲学の全雲塊が文法の一滴へと凝縮する〉(『探究』二部二二二頁)」と述べている。「私は自分の痛みを知っている」と言うのはまさにナンセンスか、「私は痛みを感じている」と言うのと同じである。彼は心理的動詞によって表現される文に「私は知っている」という認識的演算子で語ることをナンセンスであるとして、次のように述べる。「〈私は自分が何を望み、願い、信じ、感じるなど、あらゆる心理的動詞によって表現されることを知っている〉と言うのは哲学者のナンセンスか、あるいはまたア・プリオリな判断でないかどちらかである」(『探究』二部二二一頁)。それに反して私は他人の心的状態や感覚に関してはどんな事実にも劣らず確実に知ることができると言うのである。

ここで私たちは「知というこの奇妙な現象は何か」(363)という問題に直面する。「知っている」というのは決して心の状態とか内的過程のことではない。「私はこれがPであることを知っている」というのは、「これはPである」という私の発言にはPが事実として記述されているということである。そのことは記述されている内容が何らかの言語共同体の構成員によって共有できる基準に従っているということの表明であり、私の発言はそうした基準を満たしているということの表明でもある。もし私がその基準を満たしていなければ私の発言は間違いであり、それについて私が知っていなかったことになる。その意味で「私が知っている」という表明は私の知を他人と共有し、他人と意思疎通できることが前提されている。ウィトゲンシュタインの「痛み」の文法の考察は、一般的に「私の痛み」は他人の痛みではなく、私の痛みであるが故に私がその「痛み」をよく知っているというように解されがちな問題の偽瞞《ぎまん》性を暴き、そして私の「痛み」が私たちの知の根拠になっていないのだということを証明する努力であった。そのことをとおして「知」が私たちの心的状態とか内的過程に基礎づけられるという考え方を鋭く批判している。その意味で「痛み」の文法の考察は、私的言語批判であり、ソリプシズムの論駁《ろんばく》が目指されており、そしてこの批判は近代の主観に基づいた認識論への批判なのである。

最晩年の書『確実性の問題』

『探究』には多くの問題が論究されているが、それを主として『論考』との関係、文法的考察、言語ゲームの関係、それに私的言語の問題に焦点を合わせて論じてきた。ここでウィトゲンシュタインの後期の思想の何かを眺望するにあたって、最後に彼が死の直前まで執筆したとされている『確実性の問題』（以下『確実性』）を取り扱い、そして彼が最晩年に力を尽くして省察した問題は、一体何であったのかを見てみたい。

『探究』から『確実性』へ

これまで『論考』と『探究』との問題の連続性を辿ってきたが、ここでも『確実性』の課題と『探究』の問題との連続性を強調したい。後期ウィトゲンシュタインの思想はさまざまな形の遺稿に残されており、それらの遺稿のどれもが『探究』の思想と密接な関連を持っている。『確実性』に提出されている問題もさまざまな形で、すでに『探究』において基本的に述べられており、その意味では『確実性』も『探究』と連続性を持っていると考える。しかし『確実性』では直接に『探究』では取り扱われていない問題が論じられている。ここでそれらの問題に焦点を合わせ、それを概略したい。『確実性』においてウィトゲンシュタインが直接に関わっている問題とは知識の確実性の基盤の問題である。それはデカルトを始めとして全ての先入見を排除して、全ての知識を懐疑し、そのうえで確固たる知識を基礎づけようとした近代哲学の批判でもある。この問題は直接にはムーアの提出した「常識の擁護」及び「外的世界の証明」に関する議論に刺激を受けている。

『確実性』の課題

デカルトが知識の確実性を求めるにあたり、方法的懐疑をし、全ての知識を懐疑にさらしたが、懐疑できなかった一点としてコギト（意識の種々の働き、すなわち心的状態や過程についての意識）を前提とし、それを疑い得ない知識の原点とした。また近代認識論の成立に力を尽くしたロックも知識の源泉と確実性の根拠を感覚的知覚に、つまり「私自身の心の働き」に求めた。デカルトやロックによって始められた認識論の問題は近代哲学の主要な課題となったが、ウィトゲンシュタインは『確実性』において、近代の哲学が課題としてきた認識の問題を「言語」との連関において、特に言語ゲームとの連関において取り扱っている。その意味で『確実性』の問題は、一つには知の懐疑の問題にかかわり、そして知の確実性の根拠をソリプシズムに求めている近代の哲学の批判にかかわっており、もう一つには知識の根拠を私たちの言語行為に基礎づけている言語ゲームの問題にかかわっている。

近代の哲学は確実性の根拠を「私」に求めており、それゆえ究極のところソリプシズムに基づいている。ソリプシズムの基本的な立場は「私は私の世界であり、私のみが存在する。自分の心にあると自分だけが意識するものに知の源泉、確実性の根拠がある」という主張にある。ウィトゲンシュタインは『論考』で、「ソリプシズムの考えていることはまったく正しい。ただそれは自分自身を語ることができず、自身を示すだけである」(5.62)と述べ、ソリプシズムの考えていることが正しいとしても、正当化されないことを強調しているが、ソリプシズムが正当化されないことは、私的言語の存立がまったく正当化されないことで証明されているし、また私たちの知識は言語ゲームに基づいていることからも立証される。彼は知識の問題を論ずるにあたり、知識の表現の問題にかかわり、それを言語ゲームの観点から捉えているのである。

ウィトゲンシュタインは知の営みには確実なものとして私たちが前提しなければならないものがあることを主張する。これまで近代の哲学が懐疑を通して確実な知の根拠を問うてきたが、ウィトゲンシュタインにとって懐疑は根拠に基づいており、まったく根拠のない懐疑は不可能なのである。「人は一定の根拠に基づいて疑う。問題は如何にして懐疑が言語ゲームに組み入れられるかである」(458、『確実性の問題』からの引用でパラグラフ-ナンバーを付けた。以下同様)、「全てを疑おうとするのは懐疑までは至らないであろう。懐疑のゲームはすでに確実性を前提としている」(115)と述べ、彼は近代の哲学が確実な知を求めるにあたって、全てを懐疑することから始めるのに対して、懐疑という行為は実は〈信じて疑わないもの〉を前提にして初めて可能であることを強調し、その前提となっているものをムーアの「私は知っている」という命題に求めている。

ムーアの命題

ムーアが「私が知っている」として挙げる命題は、「ここに手がある」、「これは木である」、「私は人間である」、「大地は私の誕生の遙か以前から存在した」などである。ムーアによればこれらの命題はどれも確実に知られたものであり、それゆえ誤り得ないものである。「どうしてか」という問いに対して、例えば「ここに手があるのを私が知っている」という命題に関して、ムーアによれば「自分の手を目の前にして、〈私が見ているのはまさに私の手であるからだ〉という答えに尽きてしまうのであって、これ以上理由付けをすることはできない。〈ここに手がある〉というのは、疑い得ないことであり、それを〈私は知らない〉と言っても無意味である」。

ウィトゲンシュタインはムーアの主張に同意し、次のように述べている。「ムーアが知っていると主張している真理は、彼が知っているなら私たちも皆知っていると言って差し支えないものである」(100)。「この命題は私にとってまったく確実なので、私はそれ以上の論拠を示すことができない」(111)。それゆえ私はこの命題を疑うことができないのである。私たちはこの命題の反対のことを「ここに手があることを私は知らない」と主張したとしても、それは何ら説明になっておらず、そのように主張しても無意味である。というのも「その主張を証拠立てるものは何一つなく、全てがそれの反証となる」(117)からである。さらにムーアが挙げるもう一つの命題「私は私の誕生の遙か以前に大地が存在したことを知っている」を見てみるとしよう。ここで語られていることは、文献であれ、その他のものであれ、私の得た情報は全てこの命題が確実であることを私に確信させ、私のこの世界像はその反対のことを信じさせるものはないということである。このようにしてムーアの命題は私たちも皆知っている命題として承認しなければならないものである。

「私は知っている」と言語ゲーム　通常「私はPを知っている」というのは、私の発言について、私は自分の主張の正しさを立証できることを暗に言っている(243)。「私はPを知っている」という私の発言の正しさの基準は私の内的過程にあるのではなく、外的なものにあるのである。つまり私の発言の正しさは私の心の状態とか過程によっているのではなく、私が他人に証拠を示すことができることにある。言い換えれば他人との言語ゲームができることにある。その意味で、私の知は決してソリプシズムに根差していない。

ところでムーアがあげる「大地の存在」についての私の知はこうした外的な基準によって真偽が判定される命題であろうか。この私の世界像は、私が生誕してから「両親、教師あるいは周りから、さまざまに教えられ、さまざまに経験を積み重ねて」、いわば伝統として受け継いできあがったものである。この命題はある意味では証拠を示すこともできる命題ではあるが、しかしよく吟味してみると、結局は証拠が尽きてしまって、「大地の存在」を揺ぎない事実として承認せざるを得ない命題である。私の「大地の存在」についての発言は、私が生きているコミュニティの構成員と共に言語ゲームに前提されている。ムーアが「私は知っている」として挙げるどの命題もコミュニティの構成員が自明なこととして受け入れて言語ゲームを営んでおり、それらは証拠を示すことによっては確証されないが、しかしそれらは揺ぎない事実であり、信念に基礎づけられている。

「知っていること」と「信じていること」

「私はPを知っている」というのは、私は「P」についての証拠を求められれば、示すことができるということの表明である。そして私が「P」についての証拠を実際に示した場合、私の言っていることは真だとされる。しかしここで誰かが私が示した証拠が正しいという根拠を示して欲しいとでも言った場合はどうか。これに対して、私は私の示した証拠には反証がないとしか答えることができず、「P」であることの根拠の正しさを証拠を引合にして示すことはできない。つまり私たちの証拠を示す作業はどこかで行き詰まってしまう。「証拠を基礎づけ、正当化する営みはどこかで終わる」(204)。私たちは証拠の根拠をも証拠立てるわけにはいかない。「真理に根拠があるとすれば、その根拠は真でも偽でもない」(205)。

ムーアが提出した命題は、経験命題の形式をとっているが、「私たちが取り立てて吟味することなく肯定している」命題であり、その反対のことを信じる理由を想定することが不可能な命題である。したがって「私は知っている」と言う代わりに、「私には確かである」、「私にも他の人にも確かである」、「私は疑い得ない」と言っていい命題である。彼は「私は知っている」という命題を挙げることによって、「誤り得ない」命題が存在するという彼の確信を述べているのである。ここにムーアの決定的な誤謬がある。ムーアは「知っている」ということと「確かである」、「疑い得ない」という言葉との区別をしていない。ウィトゲンシュタインにとってこの区別は重要である。

「私はこれがPであるのを知っている」という命題は証拠を引合にしてその真偽が判定される。この命題は、もし私の主張が証拠によって保証されなければ、私が知っていると主張していることが間違いであったということになる可能性がある。私の主張が偽だと判定された場合、実は「私が知っている」というのは「私は知っていなかった」とか、「私が知っていると思っていた」にすぎないことになる。それに対して、ムーアの「私は知っている」という命題は、こうした「知っていない」とか、「知っていると思っている」ということにならない命題であり、決して偽であったとはならない命題であり、「私の知っていることはまた私が信じていること」（177）を表明している命題である。

確実性の根拠

私たちは日常において「知っている」と「信じている」という言葉を区別して用いているが、しかし「君は自分の名前を知っているのか、それとも信じているのか」と問われた場合、どう答えるのか。通常自分の名前を知っているとは言わないだろうし、信じているとも言わないであろう。「私は自分の名前を少しも疑わない。もしそれが疑われるなら、私にとって確実な判断は何一つ存在しないであろう」(490)。私たちは自分の名前を「知っている」とは言わない。というのも自分の名前について通常「知っていると思っていたけれど、実は知らなかった」ということはないからである。私たちは自分の名前を確信しており、知っているかどうかを疑わない。ムーアが「知っている」というのは、まさにこのように「確信して、疑わない」という意味である。

「〈地球が遙かな昔から存在していたと私たちは想定する〉とか、それと同じようなことを私が言えばおかしく聞こえる。……それにもかかわらずこの命題は私たちが営む言語ゲームの全体の体系の基礎にあたる。この想定は行動の基盤であり、したがってまた当然思考の基盤でもある」(411)。私たちは知の言語ゲームを営むにあたって「確信して、疑わない」ものを基礎にせざるを得ない。私たちは誰しもこの世に生誕して以来無数の事柄を学び、それを信じて受け入れている。子供は大人を信じて学ぶように(160)、私たちは無数の事柄を受け入れ、言語ゲームをするさいに「信じる」ことを基礎にしている。ウィトゲンシュタインは「学習とはもとより信じることに始まる」(170)と言っているように、私たちは「信じる」ことによってさまざまなことを学ぶ。例えば「モンブランの高さを知っているか」という問いに、「知っている。四〇〇〇メートルだ。そのことを学校で習ったし、本にも書いてある」と答える。この場合の「知っている」という発言は「習ったことを根拠にしてそう信じている」(171)ことを言っている。しかしさらに「学校で習ったことをどうして信じるのか」という問いが発せられると、私たちは答えに窮してしまう。だが答えに窮したとしても、その知が間違えていたということにはならない。「証拠を基礎づけ、正当化する営みはどこかで終わる」（204）のである。

「知っている」という言葉の用法は「検証の体系」に基礎づけられている。しかし検証による私たちの正当化の作業はどこかで終える。私たちは「確信して、疑わない」命題をもって、それを基礎として言語ゲームを営むのである。こうした私たちの信念は検証によって正当化されない。まさしく「真理に根拠があるとすれば、その根拠は真でも偽でもない」（205）のである。私たちはその根拠を信じるのである。これが確実性の拠るところであり、これが言語ゲームの枠組みを与えている。このようにしてムーアが「私が知っている」として挙げた命題をめぐったウィトゲンシュタインの省察は「知る」という言葉の用法を展望し、その誤用を指摘し、そして私たちの知の行為の拠るところを信念に基礎づけることにあった。『確実性の問題』の執筆は、ウィトゲンシュタインの死の二日前までなされ、その著述は未完に終わった。しかし、確実性に関する彼の省察ではこれまで述べたように、問題の核心は論じられている。そしてこの省察は、無論『探究』と連続しているが、『論考』の思想とも深いところで結びついている。その意味で『確実性の問題』も『論考』と同じ基盤に根差していると言えよう。

V　ウィトゲンシュタインの人間像

ウィーンを流れるドナウ河

苦悩と人生の真実

内面の苦悩

ウィトゲンシュタインの生涯は絶え間ない放浪の旅路であった。彼は安らぐことを知らず、まったくの純粋な探究心をもって、自分のしていることに全精魂を打ち込んだ。ウリクトは「彼の最も著しい特性はまったく純粋な真剣さと強力な知性であった」と述べ、彼の「真剣さ」が道徳的なものに立脚し、宗教的な心情からわき出ていることを指摘している。そして彼は「ウィトゲンシュタインは鋭敏で、自虐的なほど義務に忠実な人であったが、彼の真面目さと厳しさは第二のもの(宗教)に近かった」(『小伝』)と述べている。ウィトゲンシュタインの哲学的探究は、こうした宗教的な心情に深く支えられている。彼の哲学的思索はいわゆる思弁的ではなく、きわめて実践的であった。彼は言葉の問題を探究したが、それを言語学の問題とか、たんに論理の問題として探究したのではなかった。「言葉が意味をもつのは、思想と生の流れのなかにおいてである」(『断想』)と述べているように、彼の関心はいつも生にあった。彼は生の流れにおいて真理を探究した。

彼は何事にも真剣に、誠実に情熱をたぎらせて取り組んだが、しかしながらこれまですでに見てきたように、生涯彼は不安と憂愁に悩まされ、激しい罪の意識に苛《さいな》まれた。彼は自分が「呪《のろ》われた運命にある」と感じていた。彼の教え子であるマルコムは次のように述べている。「通常の出来事のなかで、彼の関心を引くものはほとんど彼に喜びを与えず、その多くのものは彼に悲嘆に近い感情を呼び起こした。一緒に散歩している時に、彼はよく立ち止まって〈何ということだ〉と叫んで、まるで人間の世界に神の手が差し延べられることを哀願するかのように私を悲しげに見つめるのであった」(『回想』)。彼はつねに自分に厳しかったし、また他人にも容赦せず、妥協しなかった。彼は完全主義者で、何事も完全に理解しなければならなかった。彼は自分を激しく追いつめ、彼の全存在は緊張のただなかにあった。この厳しさは彼の真理に対する熱烈な愛にあった(同)。しかし彼の厳しさはこの世的なものを越えたものに向けられているように見えた。彼は激しい内面の苦痛に襲われ、それからの救済を求めた。私はこの章で、彼の精神の苦悩を辿りながら、彼が生涯にわたって内面において熱烈に求めつづけた真実について述べ、彼の人間像を描いてみたい。

内部に住みついた罪の意識

一九三一年にウィトゲンシュタインは家族や親しい友人たちに「告白」の手紙を出している。それについてドゥルーリーは、「彼がノルウェイから帰ってきた時、彼はそこで何も書いておらず、ただ祈りに時間を費やしていた。彼は過去の生活において最も恥ずかしいと思っていたことについての告白を書きつける必要を感じたのであった。彼はそれ

ベヴァン夫人の描いた
ウィトゲンシュタイン

を私にぜひ読むように薦めた。彼はすでにそれをムーアに見せていた。ムーアはそれを読まなければならないことに戸惑っていたようであったと言っていた。私は無論この告白の内容に関して何も語るつもりはない」と述べている。ムーアもまたエンゲルマンも一様に「告白」について何も語っていない。彼らは自分と親しい人間のプライバシーについて語るべきでないという良識に従ったのであろう。しかし前章ですでに触れたように、ウィトゲンシュタインの告白を直接に聞いたパスカル夫人はそうしたタブーを敢えて破り、その内容を後世のために公表した。それによると次のようである。「彼が告白した二つの〈罪〉のことが思い出されます。第一は彼がユダヤの血筋を受けていること、第二のものは彼がオーストリアの村の教師をしている時に犯した過ちに関するものでした」。第一の罪に関して、彼を知っている人たちの大部分は彼を四分の三非ユダヤ人で、四分の一をユダヤ人と思っているが、実はその割合が逆であるということである。問題は、彼が彼を知っている人たちがそう思っていることを知っていながら、それが誤解であるということを彼らに言わなかったことであった。第二の罪に関して、学校教師の時、彼は教え子を殴り、気絶させた。そのことを訴えられた時、彼はそんなことをしなかったと嘘をついたことについての彼の良心の呵責であった。

人々が彼のユダヤの血筋の割合を誤解していることを知っていて、彼がその誤解を匡さなかったということと学校教師として恥ずべき偽りの証言をしたというのがこの「告白」の内容である。彼にとってこの罪は許されるべきではなく、懺悔《ざんげ》しなければならないものであった。ここに彼の文字通りの真面目さ、自分の良心に対する完全なまでの誠実さが見られる。ウリクトが「神について考えることは特に彼にとって恐ろしい審判について考えることであった」(『小伝』)と述べているように、彼の罪の意識にはどこか神の裁きについての怯えがあったようにも見える。そして「告白は新たな生活の一部に違いない」(『断想』)と記しているように、彼は「告白」によって違った人間になることを望み、苦悶のうえ告白を決断したのであった。

ユダヤ的精神

ユダヤ人の血筋の問題に関して言えば、彼がユダヤ人であることについて特に悩んだのではない。彼の罪意識は人々の誤解を解かなかったことにあった。彼と同じく世紀末ウィーンに生きたユダヤ人であるワイニンガーがユダヤ的性格を軽蔑し、それを超克しようとしたが、彼はそうしなかった。彼はユダヤ人であるという負い目を背負い、ユダヤ的特性を鋭く分析し、ユダヤの伝統のなかにいる自分及び自分のしていることを的確に把握し、ユダヤ的な生き方を引き受けている。一般にユダヤ人の実践的、道徳的、宗教的とされる特性を彼は受け継いでおり、そして彼自身が「ユダヤ人は荒れた地帯である。しかしその薄い岩石層の下には精神の燃えさかる溶岩の塊りがある」(『雑想』)と指摘しているように、彼の精神活動の原動力はこのユダヤ的なものの中にあったように思われる。

「ユダヤの天才は聖者に限られている。最も偉大とされるユダヤの思想家であっても一つの才能にすぎない。(例えば私)。私は本来的に思考するさいに、再生的でしかないと私が考える時に真理があるように思われる。私は思想の運動というものをつくりだしたことはない」(同)。ここに彼のユダヤ的なものの本質的な理解が示されている。人間は本来創造という名に価する仕事をするのではないし、することができないという理解がそうである。続いて彼は自分のしてきたことを次のように述べている。「それはいつも誰か他の人に与えられたものである。私はただ明晰化という自分の仕事のために直ちに情熱的に思想の運動に飛びついただけである。このようにして私はボルツマン、ヘルツ、ショーペンハウアー、フレーゲ、ラッセル、クラウス、ロース、ワイニンガー、シュペングラー、スラッファから影響を受けた。ユダヤ的な再生の一例としてブロイラー、フロイトを挙げることができよう――私がつくるもの、それは新しい比喩だ」(同)。私たちがこれまでに辿ってきた『論考』の思想も『探究』の思想もまさに彼がここで述べている再生と明晰化に携わったものだと言えよう。

「私の思想は百パーセント、ヘブライ(ユダヤ)的である」(前出一三六頁)とさえ言って、彼はユダヤ的なものが彼の思想の基盤になっていることを自ら認めている。「伝統は私たちが気が向いた時にたぐり寄せることのできる糸のようではないし、私たちが修得できるようなものでもない。伝統を選択できる可能性は私たちが自分たちの祖先を選択する可能性と同じぐらい少ない」（同）と述べ、彼はユダヤ的伝統の重みをはっきりと自覚していた。彼のどの探求もこうした自覚に立っている。

道徳的価値の追求

彼は再生と明晰化をユダヤ的精神として受け取り、その精神が生の基盤に基づけられていることを主張しているが、彼のものの見方は同時代の同じくユダヤ人であるカール＝クラウス、アドルフ＝ロース、シェーンベルクにきわめて近い。彼らはそれぞれに文芸、建築と設計、音楽と異なった芸術のジャンルで活動したが、彼らに共通した精神は、芸術活動が究極的には道徳的価値に基礎づけられなければならないということであった。ウィトゲンシュタインもまさにこうした精神で彼の主題であった『言語』に取り組んだ。彼の基本的な立場は言語批判であるといえるが、それは別な言い方をすればクラウス的精神であったと言えよう。

ウィトゲンシュタインは道徳的価値を追求したが、そのことは彼の哲学的著述にはほとんど取り扱われていない。彼には価値の問題は理論的に解明されるべきではなかった。彼の価値についての省察は彼の生き方に直接かかわっていた。彼はそれを自分の内面において引き受け、自分に厳しく課した。彼は自ら志願し戦場で果敢に戦ったのも、修道院に入ろうとしたり、学校教師を志望したのも、あるいは医師を志望したのも価値の実践化であった。死に直面した戦場では祖国のために戦うことを当然の義務として引き受け、戦友たちからは〈良き戦友〉と見なされ、戦場では「福音書を持った男」と呼ばれ、内面において人生の意味に思いをめぐらした。彼は修道院には入らなかったが、そこの庭師の助手として汗を流し、懸命に自分の仕事を果たした。彼の最も力を注いだのは教師としての子供たちの教育であった。彼の教育はアイデアにみち、創意にとんだ教え方をした。彼自身は質素そのものの生活をし、献身的に教育にあたった。彼はトラテンバッハの村の人に彼の宗教について尋ねられた時、「私はキリスト教徒ではないが、福音の使徒である」と答えたと伝えられているが、彼の教育は何よりも人生の価値についての促しにあったように思われる。

芸術と倫理的価値

二つの芸術作品

　ウィトゲンシュタインは生涯のうちで二つの芸術作品を作っている。一つは姉マルガレーテ＝ストンボロウ家の建築であり、もう一つは少女の頭部像の彫塑であった。この二つの作品は彼が教師として生きる夢が破れ、失意のどん底にあった時制作されたものであった。彼はそれに没頭し全力を尽くした。彼は自分の作品について、「私の建てたグレーテルの家は耳聡《みみざと》さの、良き作法の産物であり、（文化に対する）偉大なる理解の表現である。しかし根源的な生命、存分に暴れる野生の生命が欠けている」（『雑想』）、「ドロービルのためにかつて頭部像を彫塑した時、その刺激となったのはドロービルの作品からであり、私のしたことは明晰化ということであった」（同）と評価をしている。この自分の作品についての評価は、彼がユダヤの精神として挙げている再生と明晰化の仕事を自分がしたということの表明でもある。

　ウィトゲンシュタインに従えば真の偉大なる芸術作品は天才によって生みだされたものである。しかし「ユダヤの精神は小さな草花すら作りだすことができない。しかし他の精神で成育した草花を写し、それを包括的な像に描き上げることができる……他人の作品を制作者自身よりもよりよく

ウィトゲンシュタイン資料館　キルヒベルクにある。

理解するのが、ユダヤの精神である」(同)と述べている。彼はこのようなユダヤ的精神を代表する音楽家としてメンデルスゾーンを挙げる。「音楽において旋律ではなく、旋律に深さを与えるものが作品を偉大にする。その点がメンデルスゾーンに欠けている」(同)。メンデルスゾーンには偉大な芸術に欠かすことのできない人間の原始的衝動、野生の生命が欠けているのであり、その意味で彼は「再生的」芸術家である(同)。彼はメンデルスゾーンの傾向性を自分と同質なものと見て、自分の作品も再生的であるという認識を持っていた。

芸術観

ウィトゲンシュタインに従えば「私たちが世界の存在に驚くこと」、これが芸術を生みだす感情であり、芸術は世界つまり自然と言っていいのであるが、世界ないし自然の存在に驚き、その不思議さに打たれることに基礎づけられる。「芸術は私たちに自然の不思議を示す。芸術は自然の不思議という概念に基礎づけられている」(同)、「全ての偉大な芸術には、野生の動物が飼い慣らされている」、「全ての偉大な芸術には人間の原始的な衝動が根音バスとなっている」（同）などと記されている。それは、私たちが自然に対して驚き、謎、神秘などの感情をもつが、それに対して自分の生の意味をさまざまに思いめぐらし、そうした体験を表現するものが芸術であり、偉大な芸術にはそうした人間の原始的な衝動が存分に表現されているというのである。つまり「芸術は表現であり、よい芸術作品は完成した表現である」（『日記』）。芸術作品が表現しているのは事実の世界について表現する科学的言語によるのではなく、詩的言語によって、詩とか絵画とか音楽という形式によって表現される。芸術作品は事実の世界を表現しているのではなく、その世界の外にある世界を表現しているのである。「芸術作品は永遠の相のもとに見られた対象である。そしてよい生とは永遠の相のもとに見られた世界である。ここに芸術と倫理との連関がある」（『日記』）。事実の世界は芸術作品が表現している世界とはまったく違ったものであり、芸術作品は永遠の相のもとに見られた対象であり、それは価値の世界と言えるのである。その意味で、芸術と倫理は同じものに根差しているのである。

価値と表現

ウィトゲンシュタインにとってクラウスと同様芸術は倫理的価値に根差すものであった。優れた芸術作品には全てその価値が表現されている。しかし価値について私たちは「語り得ない」のであって、沈黙すべきであるというのが彼が生涯保持した立場であった。

芸術作品は私たちの内面に訴え、人生の意味を私たちに示しているが、しかしどの優れた作品も、真偽判定とか言語ゲームによって語り得るもののみを言語として捉える、彼の哲学の課題の領域の外にある。それでもなお私たちが芸術作品を言語の対象としようとするなら、私たちは『論考』及び『探究』の課題は一体何であり、何故彼が文法的考察をし、言葉の用法への展望を促し、私的言語を否定したのか、『確実性の問題』は何であったのかを振り返って見なければならないであろう。

彼の努力の主眼は言葉の文法についてのあくことなき省察にあった。彼は、私たちが言語の限界を越えて、言葉の慣用の文法を越えて価値について語ろうとする私たちの傾向性に対して、次のように厳しく戒めている。「人間は言語の限界へ向かって突進しようとする衝動をもつ。例えば何かが存在するということの驚きについて考えてみよう。驚きは問いの形式では表現されないし、如何なる答えも存在しない。私たちは何を語ろうとも、それはア・プリオリに無意味でしかない。それにもかかわらず私たちは言語の限界に向かって突進する。言語に対するこの突進が倫理である。私は人が倫理についてのあらゆる無駄話——認識が存在するかどうか、価値が存在するのかどうか、善は定義できるのかどうかなど——に終止符を打つことがきわめて重要であると受けとる。倫理において人は事柄の本質に関わらないもの、決して関わり得ないものを語ろうといつも企てる。たとえ人が善の定義を如何にしようとも——人が現実に考えている本来的なものがその表現に対応しているというのはつねに誤解にすぎない（ムーア）ということがア・プリオリに確実なのである。しかし突進という傾向が何かを示唆しているのである。そのことをアウグスティヌスはすでに知っており、次のように言っている。汝不浄の徒よ、汝無意味のことを語ろうとしないのか。無意味のことのみを語れ、それは何ら害をなさない！」（『ウィトゲンシュタインとウィーン学団』）。

相対的価値と絶対的価値

彼は〈私たちの言語の限界に向かって突進しようとする衝動〉を指摘し、この衝動こそが倫理についての誤解を生み出し、私たちを無意味な無駄話に駆り立てているのだと主張している。こうした倫理的価値についての彼の考えを公表したのが「倫理講話」である。彼はこれ以外にも倫理に関して、断片的に発言しているが、系統的にはどこにも語っていないので、ここでは「倫理講話」に従って彼の倫理的価値についての見解を辿るとしよう。その中で彼は、価値を表現する言葉の用法を展望し、言語の限界内にある価値の用法と言語によって表現されない価値の存在を説いている。前者が相対的価値であり、後者が絶対的価値である。例えば「これはよい椅子である」というのは、椅子には前もって予め決められた目的があって、この椅子はその目的に役立っているということを言っている。また「彼はよい走者だ」と「彼は何マイルを何分で走る」ということとは同じことを言っている。これらの文はウィトゲンシュタインに従えば、相対的な価値を表明している文である。相対的な意味での〈よい〉という言葉を含んでいる文は〈よい〉という語を含まない他の事実を表明する文に翻訳できる。その意味で全ての相対的価値を表明する文は記述的であり、『論考』で取り扱っている自然科学の命題と等　である。「よい椅子か否か」は椅子について予め決められた〈よい〉という基準に照らし、「よい走者か否か」は走った時間の長短に照らし、その善し悪しが判定される。相対的価値を表明している文は全て事実を表明している文であり、本来的に価値（事実はそれ自体善でも悪でもない）を含んでいない。それに対して絶対的価値は事実を記述する文に翻訳できない。それは事実を越えており、超自然的で、本質的に崇高なものである。それゆえ絶対的価値は言語によっては記述不可能であり、それについて語ることは端的に無意味である。

　絶対的価値とは「絶対的に正しい道」、「絶対的な善」のことである。「絶対的に正しい道」とは「誰もがそれをみると論理的必然性をもって行わなければならないか、あるいは行わないことを恥じる道」のことであり、「絶対的な善」とは「もしそれが記述可能なら、誰もが必然的に生じたり生じなかったりすることに対して罪悪感を覚えると考えられるような状態」（「倫理講話」）のことである。以上のことは私たちの絶対的価値についての定義であるが、ウィトゲンシュタインにとってこうしたことは現実では起こりえず、幻想にすぎない。絶対的価値は決して事実へと翻訳することができず、言語によって記述されない。それはせいぜい直喩とか風喩としてしか表現されない。もしそれがそれ以外に表現されるとすれば、それは相対的価値と同じことになり、絶対的価値が存在することは無意味となり、言語上背理となる。

「倫理が生の究極の意味、絶対的善、絶対的価値について何かを語ろうという欲求から生じる限り、それは科学ではありえない」(同)と述べ、ウィトゲンシュタインは絶対的な意味での価値を表現することは無意味(科学的に記述される命題が有意味)であるという結論に導く。私たちは言語の限界内においてしか言語を有意味に使用できない。それにもかかわらず、私たちの傾向性はこの言語の限界に向かって突進しようとするのである。しかしそれは「絶対に希望のないこと」(同)である。この「絶対に希望のないこと」に突進を企て、その企ての不可能性を承知でもそれを懸命に表現しようと企てようとする私たちの傾向性に対して、彼は「倫理の書は人間の精神に潜む傾向をしるしたドキュメントであり、私はこの傾向に個人的に敬意を払わざるを得ないし、それを私は生涯にわたって嘲《あざけ》ることはしないであろう」(同)と述べている。

「言葉なき信仰」

私たちは絶対的価値が表現されないことを自覚し、有意味な言語を越え、いわゆる事実の世界を越えなければならない。ウィトゲンシュタインは私たちにとって最も大切で、私たちがそれに生命を賭けても辞さないものに生の深い秘儀を見たのであった。この価値を「言葉なき信仰」として私たちの内面において引き受けて生きるしかないものである。ウィトゲンシュタインのこの価値についての発言は芸術にもあてはまる。私たちは美的なものについて同様に語り得ないのであり、私たちは美的なものを音楽、絵画、詩などをとおして自分の内面において受けとり、共感する。それは倫理的価値と同様に超越的なものである。

宗教と生

宗教的情熱

ウィトゲンシュタインは、典型的な学者の気質とはかけ離れて、冷静な態度で、超然として瞑想《めいそう》にふけることはなかった。彼の思索も知も実践と結びついていた。このことは実践的で、宗教的であるとされるユダヤ的特性と一致している。「〈知恵〉は灰色。だが生と宗教は色どりが豊かである」（『雑想』）という一行に彼の生き方が語られているように思われる。「私は宗教的人間ではないが、私はどんな問題も宗教的観点からしか見ることができない」と述べているように、彼の理解には宗教の問題を欠かすことができない。確かに彼は聖職者ではなかったし、特定の宗派にも所属しなかったし、またキリスト者でもなかった。しかし彼は生涯神について、宗教について思いをめぐらし、彼の生き方は宗教的情熱に支えられ、彼の倫理的な潔白さ、事柄に対する誠実さ、質素な生活、禁欲的な生、それら全ては宗教的な生に根差していた。

彼は知識を行動と結びつけ、生活と結びつけた。彼は自分の人生を振り返り次のように語っている。「人は何度も膝をついて倒れるが、なすべきただ一つのことは立ち上がり、やり直し継続することだ。少なくともこのことが私の生涯でやらなければならなかったことであった」。この言葉こそ彼

トラテンバッハにあるチャペル
教師時代によくここまで散歩した。

の生涯を特徴づけるものであろう。「人間の偉大さは自分の仕事にどれだけ努力したかにあると考える」。彼は何事にも情熱的であり、それを自分の生に取り込んでいった。この情熱はまさに宗教的であった。

宗教の存在理由

「生は尾根を走る一本の道のようなものである。左右に滑る傾斜があって、どちらの方向にもどうしようもなく滑り落ちてしまう」（『雑想』）。このような人生を生きて行く時の自分の生き方を引き受けるのが宗教的信仰である。「宗教的信仰は価値判断の基準となる座標系を情熱的に自分に受け入れるにすぎないように思われる。したがって一つの生き方、あるいは一つの生き方の判断であるのが信仰である。このような見方を情熱的に引き受けることである」（同）と述べ、彼は私たちが自分の生き方を情熱的に引き受けるものが宗教的信仰だと見なしている。

「キリスト教という宗教は無限の助けを必要としている者にとってのみ、したがって無限の苦しみを感じている者にとって必要とされる。全地球の苦しみは一人の人間の苦しみよりも大きくはない。

キリスト教の信仰は——私の考えでは——この最高の苦しみの避難所である。このような苦しみのなかで、自分の心を閉ざすかわりに、開くことのできる者は心のなかに治療薬を取り入れる……一人の人間が感じる苦しみほど大きなものはない。というのは一人の人間が絶望している時、それは最高の苦しみであるからだ」(同)。このように私たちが苦悩し、絶望して生きていることに宗教の存在理由がある。

「キリスト教は、人間の魂について起こったこと、そして起こるようなことに関する教義でも、理論でもなく、人間の生においての実際の出来事を記述したものであると考える。〈罪の意識〉も一つの実際の出来事であるし、絶望も信仰による救済もそうであるからである」(同)。「キリスト教は歴史的真理に基づいているのではない」(同)、「福音書に書かれている歴史的報告は、歴史的な意味において間違えていると証明できるものであるが、しかしそうだからといってそのことによって信仰が失われるのではないということは奇妙に思われるかも知れない。しかし信仰が失われないというのは、信仰が例えば〈普遍的な理性の真理〉に基づいているからではなく、歴史的証明(歴史の証明ゲーム)が信仰とはまったく関係がないからなのである。………信仰者は福音書の報告に対して歴史的真理との関係とか理性的真理との関係とかに関わらない。信仰は端的になされる」(同)。彼はキリスト教の信仰を歴史的考証、思弁や知識などによって理解することだとはまったく考えていなかった。その信仰がなされるのは私の心が、私の情熱が信じることを必要とし、私の魂が救われることを望んでいるからであると考えていた。彼にとってキリスト教の信仰は、私たちの生の苦悩からの救済を求めることから成り立っている。

神の創造と裁き

「ウィトゲンシュタインは、彼自身の性格と経験から審判者及び救済者としての神の考えを納得することができたと思う。しかし創造とか永遠とかの観念から導かれる宇宙論的な神の考え方は彼には我慢ならないものであった」(『回想』)。マルコムに従えば、ウィトゲンシュタインは神の裁きとか、赦し、贖罪という考え方は理解できたのであったが、しかし神が世界を創造するという考え方はまったく理解できなかった。また神の存在の証明とか、宗教を合理的に説明することにも我慢ができなかった。彼はキェルケゴールを真に宗教的な人間であると言っている。キェルケゴールにとって信仰は「非合理なものの飛躍」によって獲《か》ちえるものであり、「主体的真理とは最も情熱的な内面において捉えられた客観的不確実性である」という言葉に示されているような、キェルケゴールの態度にウィトゲンシュタインは共鳴した。しかし彼はキェルケゴールのように神の信仰に生きなかった。彼の宗教への関心は人間的な生の苦悩に根差していた。彼の神についての考えは私たちの生の苦悩や絶望の解放にあって、決して神は形而上学的思索の対象ではなかったし、私たちの生から離れたものではなかった。

〈神〉という言葉の文法

彼は『論考』の草稿の一つとなった『日記』において「神を信じることは生の意味に関する問いを理解することである。神を信じることは世界の事実によって問題が片付くのではないことを見て取ることである」(同)。世界を創造し、人間を創造した神のことが『日記』には直接どこにも語られていない。彼は私たち人間の立場から、〈神〉を問い、〈信仰〉を問うている。〈神〉は私たちの生の意味を問い、その価値の根拠となるものとして語られている。「神は世界のなかに自らを啓示しない」(『論考』6.432)と述べ、彼は神は事実の世界の外に存在すると主張している。〈神の存在〉は科学的探求の対象ではありえないことを強調している。

彼はこれまで述べてきたように生涯神について語ることができるとは考えなかった。しかし彼は哲学への復帰以降、〈神〉という言葉の文法を語ろうとしてきた。この問題は「宗教的信念についての講義」において取り扱われている。そこでは〈神〉という言葉が実際どのように用いられているのかを展望することに向けられ、私たちの日常生活において〈神〉という語の言語ゲームがどのようにしてなされているのかを考察している。それに従えば、私たちが〈神〉という言葉を学び、その用法を学ぶのは神の肖像画や公教要理をとおしてであり、例えば親が神の肖像画を指しながら、「神さまが見ておられるのだよ。神さまは罰せられるのだよ」というようにして私たちはその言葉を学ぶ。しかし〈神の存在〉に関する言語ゲームは他の物の存在に関する言語ゲームとは違っている。神の信仰は一般的に証拠を引合にして営まれる言語ゲームとは違った行為である。神を信じない者であっても、信仰者に対して彼の宗教的信仰を裁く基準は持ちえない。例えば信仰者が夢のなかで最後の審判の夢を見て、最後の審判がどのようなものであるか知っていると言った場合のことを考えるとしよう。

通常夢を引合にした主張と科学でなされているような証拠とを比較するなら、夢を証拠とした主張はまったく見当違いで、あまりにもひどすぎるとして相手にされないことであろう。例えば夢を引合にして明日の天気予報することは、社会生活ではナンセンスとして非難されよう。しかし夢を見て、最後の審判を信じることと明日の天気を信じることとは同じではない。前者の場合に、そのことを信じる人の心には普段から「最後の審判があって、かくかくしかじかの人はかくかくしかじかの裁きを受ける」というような恐れとか希望とかが喚起されているのである。したがって最後の審判を信じる者が「私は……を信じる」と言ったことを、それは証拠として不十分であるとして退ける訳にはいかない。こうした場合の「信じる」という言葉も証拠も通常の言語ゲームの慣用とは異なっている。信仰者は揺ぎない信念を持っているのであり、「それは推論とか、あるいは信念に対する通常の根拠に訴えることによってではなく、彼の人生において全てを律することによって示される」(「宗教的信念」)。宗教的信仰は科学と同種に取り扱うなら、それは迷信とみなされよう。しかし宗教的信仰は迷信とははっきりと区別される。

信仰は、科学的命題のように証拠を引合にして論ずることができないのである。信仰者は心のなかに神の像とか最後の審判の像を持っており、その像を抱いて生きているのである。例えば信仰者は「地獄の業火《ごうか》に引きずり込まれないために自分の生涯を賭けて闘う。つまり恐怖がその信念の一部なのである」(同)と述べているように、信仰者はこのような像を心に描き、生活において何かの選択をしなければならない時にも、神の報い、罰、怒りなどのことを念頭において行為する。それに対して無信仰者はそのようなことはまったく考えない。このような場合、両者は反対のことをしているのでも、同一な事柄について意見が違っているのでもない。両者は同じことを語るのをそもそも拒否している。言い換えれば両者はまったく違った立場にある。信仰者は神や神の裁きの像を抱き、無信仰者はそのような像を抱いていないのである。したがって両者には相互に神の信仰に関しての言語ゲームを行う場が閉ざされているのである。

神の像と信仰

このようにウィトゲンシュタインの「宗教的信仰」をめぐる〈神〉に関する文法的考察は、神とは何かとか、神の存在証明とか自分の信仰について語ることにあったのではなかった。彼は『論考』で述べているように、〈神〉については同じく語っていない。彼は「宗教的信念に関する講義」においてもっぱら〈神〉という語の文法、〈宗教的信仰〉という生活形態をその特殊性に注目して考察したのであった。しかしこうした考察から私たちはウィトゲンシュタインが〈神〉及び〈神の信仰〉についてどのように受け取っていたのかをおぼろげながらも理解できる。彼は神を信仰しなかったと言われているが、このような信仰についての省察と洞察は真に宗教的な体験なしには不可能であろう。彼にとって恐らく神の存在は否定しえないものであったと私には思われる。前に述べたように、「私は宗教的人間ではないが、私はどんな問題も宗教的観点からしか見ることができない」というウィトゲンシュタインの告白は、彼の思想及び人間の理解にとって不可欠である。

放浪の生

彼の生涯を年譜で辿ると、彼は生涯ウィーンから離れられなかったことが分かる。彼は英国に帰化した後もクリスマス休暇をほとんどウィーンで過ごしている。それは彼が生涯ウィーン的なものを背負って生きていたということの証明でもあろう。彼は自分の思想がすでに若い時から形成されていたことを告白しているし、ユダヤ的なものに百パーセント根差していることを語っているが、それは直接には彼が生まれ、育まれた世紀末ウィーンに根差しているということの告白でもあろう。彼は何かしようとするさい、いつも独りになることを求めた。独りの生活は文字どおりの孤独の生活であった。彼が滞在したところは大変わびしく、人里離れた所であったが、それでも美しい自然の風景に恵まれた所であった。彼は実践的で、彼の知識の行為は決して観想的であったり、アカデミックであったりはしなかった。それだけ彼は自分の哲学的探究を人間の自然に基礎づけている。彼はたびたび「自然にまかせよ」と述べているが、それは哲学的探究においても日常生活においても実践したことであった。しかし彼の生活態度は私たち日常人の理解を越え、

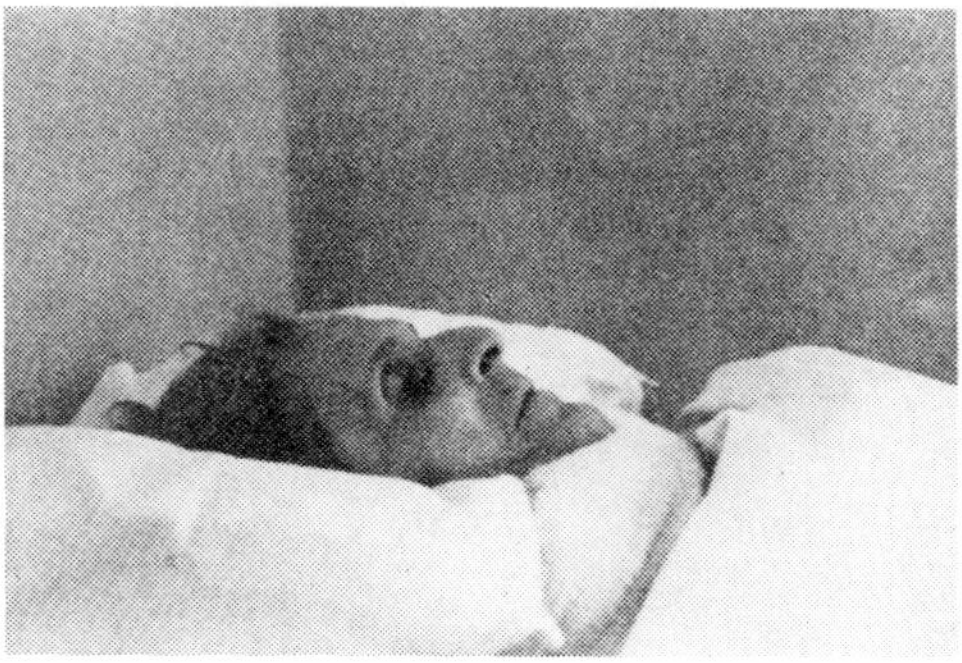

ウィトゲンシュタインの最後の姿

いわゆる日常人の自然さはない。人々の目には彼が奇人変人に映じたが、彼は逆に、彼を理解しない人々は人間に値いしないと考えたのであった。彼は誠実な人を好み、信仰深い人に敬意を払った。したがって、彼にとって人間として生きるのは誠実であるのが自然であった。その意味で彼の生は倫理的で、宗教的であった。

　彼の辿った人生から彼が精神的に苦悶し、真剣に生きたことを繰り返し述べてきたが、彼はユーモアの精神に欠けていたし、他人を宥《ゆる》す包容力に欠けていた。それゆえ彼は多くの人々と衝突した。彼との交際は人々にとって緊張を要することであり、耐え難いことであった。彼は生涯独身で過ごした。しかし彼の周りにはいつも青年がいた。彼らは若く、真理の探究への情熱を燃やした。彼はそうした人々と交わり、激しい気性で議論を交わした。しかし彼は教え子に決して哲学者になることを薦めなかった。むしろなるべきでないと説いたし、なった場合でもできるだけ辞めるように説いた。ただし哲学することを辞めてはならないと諭《さと》した。彼自身は大学の哲学の教授になったが、それを特に名誉なこととは考えなかった。ただ与えられた任務を遂行しようと、彼は懸命に努力した。彼は汗を流し、手を汚す仕事を好んで人々に薦め、自分も実践した。彼は哲学以外のことをしようとしたが、結局は哲学に引き戻されたのであった。彼の辿った生は、ユダヤの民のディアスポラのように放浪の生であり、それだけ彼の内面の精神は、激しい憂愁に悩まされながらもあくことなき真理の探究に向けられていたのであった。

あとがき

二〇世紀の生んだ最大の哲学者の一人であるウィトゲンシュタインの歩んだ道を辿ってきた。私が描こうとしたウィトゲンシュタインの全体像がどれだけ描けたのかどうか不安にかられる。触れられなかったこと、言い足りなかったことなども多くあったが、この拙い書を通して、ウィトゲンシュタインという人間の悩みや彼が目指していた生の真実とは何かを読者の皆さんに感じていただき、また「言葉」についての彼の省察とは何かに触れられて、ウィトゲンシュタイン自身が書いた本を読む刺激となっていただければ、このうえもない喜びである。今日、ウィトゲンシュタインについて実に多くの像が与えられている。たんに分析哲学との関係だけではなく、広く現代思想との関係において彼の像が与えられている。例えば、ウィトゲンシュタインとデリダ、ハイデガー、マルクス、フッサール、フロイトなど現代の思想のほとんどの領域との関係において彼が論じられている。これは一口に言えば彼の思想の深さを示している。彼は特異な人間であったが、彼の思想は普遍性をもち、現代を生き、未来を指し示していると言えよう。したがって読者の皆さんが示された関心に応じて、ウィトゲンシュタインはそれぞれに答えてくれるものと考える。そんな意味で、本書がウィトゲンシュタイン理解への入門となってくれることを心から希望したい。

この書の執筆にあたり、多くの人にお世話になったことをこの場で感謝いたしたい。本書をお薦め下さいました宇都宮芳明先生、そして小牧治先生にまずお礼を申し上げたい。これまでウィトゲンシュタインについて御教示下さいました熊谷直男先生、藤本隆志先生に感謝いたしたい。またこの書の出版にさいし、怠惰な私に何度も暖かいお励みを下さいました清水書院の清水幸雄氏に厚くお礼を申し上げたい。また本書に掲載した写真に関して現像、焼き付けなど献身的にしていただいた旭川医科大学生、写真部の岡田瑞穂君にお礼を言いたい。そして本書の出版編集にひとかたならぬご尽力下さいました清水書院の徳永隆氏に心から感謝いたしたい。

一九八五年九月　　岡田雅勝

ウィトゲンシュタイン年譜

西暦	年齢	年譜	背景となる社会的事件と参考事項
一八八九		4月26日、ルートウィヒ＝ヨーセフ＝ウィトゲンシュタイン、ウィーンに生まれる。父カール、母レオポルディーネ。8人兄弟姉妹の末っ子。子供たちは、母の宗派に従ってカトリックの洗礼を受ける。 幼年時代、ウィーンとその近郊の別荘地ホッホライトで過ごす。家庭教師による教育を受ける。	この年、ヒトラー(〜一九四五)、ハイデガー(〜一九七六)、マルセル(〜一九七三)、トインビー(〜一九七五)らが生まれる。 パリの万博、エッフェル塔建設。
九三	4		エディソン、活動写真発明。
一九〇〇	11		プランク、『量子論の基礎』 フッサール、『論理学研究』 ニーチェ没(一八四四〜)。
〇二	13	長兄ハンス、キューバのハバナで自殺。	ジェームズ、『宗教的経験の諸相』
〇三	14	秋、リンツの実科学校に入学。	ムーア、『倫理学原理』 ラッセル、『数学の原理』 ライト兄弟、飛行機完成。
〇四	15	次兄ルドルフ(ベルリン大学学生)、服毒自殺。	ワイニンガー、『性と性格』

年	年齢	事項	参考事項
一九〇五	16		ウェーバー、『プロテスタンティズムの倫理と資本主義』 日露戦争おこる（〜〇五）。 アインシュタイン、『特殊相対性理論』
〇六	17	夏、リンツの学校卒業。 10月、ベルリンのシャルロッテンブルク工科大学に入学。機械工学を専攻。	
〇七	18		ベルグソン、『創造的進化』 ジェームズ、『プラグマティズム』
〇八	19	春、父の薦めにより、航空工学の研究のため、イギリスのマンチェスターの工科大学に入学手続をする。ダービーシャーのグロソップで、凧による高層大気観測研究に参加。秋よりマンチェスター大学工学部の研究生となり、飛行機用モーターの開発、ジェット推進機によるプロペラ作成に従事。ここに一九一一年までとどまる。	
一〇	21		トルストイ没（一八二八〜）。 リルケ、『マルテの手記』 ラッセル、ホワイトヘッド、『数学

			原理』(~一三)
一九一一	22	ケンブリッジにラッセルを訪れる。	中国に辛亥革命おこる。
一二	23	2月、ケンブリッジのトリニティ-カレジに入学。最初、学部学生として、のちに大学院生として五学期間学ぶ。 9月、ピンセントとアイスランドを旅行。	中華民国成立。
一三	24	1月、父カール没。 9月、ピンセントとノルウェイを旅行。 10月、論文「論理に関するノート」を書き、ラッセルに送る。同月下旬、ノルウェイのショルデンに引き籠り、『論理哲学論考』の草稿の執筆にとりかかる。 クリスマスはウィーンで過ごす。その後も、クリスマスにはウィーンに戻る。	ヤスパース、『精神病理学総論』
一四	25	3月、ショルデンにムーアが訪れ、「ムーアに口述させたノート」できる。 春、この地にヒュッテを建て始める。 7月、ウィーンとホッホライトに行き、遺産の芸術家への寄付について、フィッカーに相談。ロースにも会う。	

		8月、第一次世界大戦に際し、志願して、要塞砲兵連隊に配属。東部のガリシア戦線に従軍。同月末より『論考』の草稿となった「日記一九一四―一九一六」を書き始める。 9月、トルストイの『福音書要義』を読む。 12月、クラクフの砲兵工廠に配属。	7月、第一次世界大戦勃発。
一九一五	26	レンベルク近郊のソーカル駐屯。	
一六	27	ガリシアのサノック曲射砲連隊に配属。 6月、ブルシーロフ攻撃。戦功により叙勲。 10月、砲兵士官となるべく、オルミュッツの士官学校に入る。ここでエンゲルマンと知り合う。 12月、ウイーンで休暇を過ごす。	フロイト、『精神分析入門』(～一八)
一七	28	東部戦線の元の連隊に復帰。 7月、ケレンスキー攻撃戦に参加し、その戦功により叙勲。	ロシア、二月革命、ロマノフ朝倒れる。十月革命。
一八	29	2月、少尉に昇進。 春、南部戦線に移る。アシアゴ地域に駐屯。 5月、ピンセント、飛行機墜落事故で死去。 7～8月、戦功による休暇をウィーンとザルツブルクに過ごし、『論考』を完成させるべく執筆。8月	

		末、戦線に戻る。 10月、オーストリア軍降伏。兄クルト、ロシア戦線で自害。 11月、トレント近くで、イタリア軍の捕虜となり、コモの捕虜収容所に収容される。	11月、第一次世界大戦終結。
一九一九	30	1月、カッシーノの捕虜収容所に移される。ここから『論考』の原稿をラッセルとフレーゲに送る。 8月、釈放され、ウィーンに戻る。全遺産を姉兄に譲渡。 9月、教員養成学校に入る。	ワイマール共和国成立。
二〇	31	7月、教員養成学校の修了証書を受ける。 8月、クロスターノイブルクの修道院で庭師の助手として働く。 9月、トラテンバッハ小学校の教師となる。	国際連盟成立、第一回総会。
二一	32	夏休みをノルウェイのショルデンのヒュッテで過ごす。 秋、「自然哲学年報」に『論考』を掲載。	
二二	33	8月、インスブルックでラッセルと会う。 9月、ハスバッハの中学教師となる。同月、シュネーベルクのプフベルク小学校へ転任。	

一九二三	34	11月、『論考』を英訳つきで、ケガン=ポール社より出版。 ラムゼイがプフベルクを訪問。『論考』を検討して校訂し、第二版（一九三三年出版）に備える。	イタリア、ムッソリーニ首相となる。 リルケ、『ドイノの悲歌』 ブーバー、『我と汝』
二四	35	ラムゼイが共同研究のために定期的に訪問。 秋、オッタータールに転任。	イギリス、労働党内閣誕生。 レーニン没（一八七〇〜）。
二五	36	8月、イギリス訪問、ケインズ、ラムゼイらに会う。	フレーゲ没（一八四八〜）。
二六	37	4月、教師辞任。 5月、『小学生のための辞書』出版。 6月、母レオポルディーネ没。 夏、ヒュッテルドルフの修道院で庭師の助手として働く。 11月、ストンボロウ邸の建築を始める。	
二七	38	2月、シュリックと会い、ウィーン学団との接触が始まる。邸宅建築中、ドロービルのアトリエに出入りし、少女の頭部像を彫塑。	ハイデガー、『存在と時間』 マルセル、『形而上学日記』
二八	39	3月、ブロウエルの講演を聞く。哲学への復帰の刺激となる。 11月、ストンボロウ邸宅完成。	
二九	40	1月、ケンブリッジに行き、ケンブリッジ大学に再	ニューヨーク株式、大暴落。世界

		入学。 2月、論文「論理形式についての若干の考察」を書く。 6月、博士号を取得。 7月、マインド協会とアリストテレス協会合同学会で「数学における無限概念」を研究発表。 11月、公開講演「倫理についての講話」。	恐慌始まる。 ホワイトヘッド、『過程と実在』
一九三〇	41	1月、ラムゼイ二六歳で急逝。トリニティで講義。 講義題目は「言語、論理、数学」。 春から夏にかけて、『哲学的考察』を書く。 12月、リサーチ‐フェロー（特別研究員）に選出。	
三一	42	7月から、「フレイザーの『金枝編』について」を書き、夏休みに仕上げる。『哲学的文法』執筆開始。	
三二	43	6月、『哲学的文法』Iを書き上げ、続いてIIの執筆を始める。	
三三	44	夏休みにシュリックとイタリア旅行。『青色本』の口述筆記。	ヒトラー、首相となる。 ルーズヴェルト、大統領となる。
三四	45	9月、アイルランド旅行。『茶色本』の口述筆記。	ヒトラー、総統となり、全権握る。 トインビー、『歴史の研究』
三五	46	9月、ロシア訪問。	ライヘンバッハ、『確率論』

一九三六	47	10月、フェローシップの期限が一九三六年まで延長される。 6月、リサーチ・フェローが終わり、収入源を断たれる。ダブリンにドゥルーリーを訪ねる。医学を志望する。シュリック、殺害される。 7月、フランスのブルターニュへ車の旅をする。 8月、ケンブリッジを去り、ノルウェイのショルデンに引き籠る。 11月より『哲学的探究』の執筆開始。	ケインズ、『雇用・利子及び貨幣の一般理論』 スペイン内乱。 フッサール、『ヨーロッパ諸学の危機と先験的現象学』 日独防共協定締結。
三七	48	1月、ケンブリッジに滞在し、ムーアとパスカル夫人に「告白」。その後ショルデンに戻る。 9月、『数学の基礎』のI部の執筆に取りかかる。	日中戦争おこる。 日独伊三国防共協定締結。
三八	49	一九三六年のフェローシップ最後の講義「哲学及び数学の哲学的基礎」を継続する。 8月、「美学」と「宗教的信念」を講義。	ドイツ、オーストリア併合。 フッサール没（一八五九〜）。 サルトル、『嘔吐』
三九	50	2月、ムーアの後任として哲学の教授となる。 4月、イギリス国籍を取り、帰化する。 6月、ウィーン・ベルリン・ニューヨークに旅行。 9月、『数学の基礎』の執筆を継続。 10月、講義を行う。	9月、第二次世界大戦勃発。

一九四〇	51		チャーチル内閣成立。日独伊三国軍事同盟結成。
四一	52	11月、ロンドンのガイズ病院で奉仕。『数学の基礎』の執筆継続。	太平洋戦争始まる。
四三	54	4月、ニューキャッスルのロイヤル-ヴィクトリア病院の実験室で技師として働く。	サルトル、『存在と無』 イタリア、降伏。
四四	55	2月、ケンブリッジに戻る。 3〜9月、スワンジーのリースの所に滞在。『哲学的探究』の執筆。	
四五	56	10月、ケンブリッジで講義。 『探究』の序文執筆。『探究』I部完成。『心理学の哲学』の執筆開始。講義の題目「心理学の哲学」。	5月にドイツ、8月に日本が降伏し、第二次世界大戦終わる。 10月、国際連合発足。
四六	57	『心理学の哲学』の草稿。	ケインズ没（一八八三〜）。 ニュルンベルク裁判。
四七	58	12月、ケンブリッジ大学教授を辞職。	
四八	59	アイルランドのレッドクロスに滞在。その後ロスロに滞在。 9月、ウィーンに姉ヘルミーネを見舞う。 11月、ダブリンに滞在。	

一九四九	60	『心理学の哲学に関する最後の著述』 6月、『探究』II部の最終稿完成。 7月、アメリカにマルコムを訪問。 10月、イギリスに戻る。前立腺ガンであることを知る。『断片』の草稿。 12月、ウィーンに行き、草稿など身辺の整理（翌年3月まで）。	中華人民共和国成立。 ドイツ連邦共和国（西ドイツ）とドイツ民主共和国（東ドイツ）成立。
五〇	61	2月、姉ヘルミーネ没。 4月、ケンブリッジに戻る。オックスフォードのアンスコムの所に滞在。『確実性の問題』の執筆。 11月、医師ベヴァン宅に移る。 12月、ウィーンでクリスマスを過ごす。	
五一	62	1月、オックスフォードに戻り、遺書を書く。 2月、ベヴァン宅に戻る。『確実性の問題』の執筆。 4月29日、永眠。ケンブリッジのセント-ジャイルズ墓地に埋葬される。	

参考文献

ウィトゲンシュタインの著作の翻訳

『ウィトゲンシュタイン全集』全10巻　山本信・大森荘蔵編訳　大修館書店　一九七五〜七八

(1)『論理哲学論考』、『草稿―一九一四〜一九一六』、「論理形式について」　奥雅博訳
(2)『哲学的考察』、「数学における無限概念」　奥雅博訳
(3)『哲学的文法』1　山本信訳
(4)『哲学的文法』2　坂井秀寿訳
(5)『ウィトゲンシュタインとウィーン学団』　黒崎宏訳　「倫理学講話」　杖下隆英訳
(6)『青色本』、『茶色本』、「〈個人的経験〉および、〈感覚与件〉について」　大森荘蔵訳
　「フレーザー『金枝編』について」、「『マインド』の編集者への書簡」　杖下隆英訳
(7)『数学の基礎』　中村秀吉・藤田晋吾訳
(8)『哲学探究』　藤本隆志訳
(9)『確実性の問題』　黒田亘訳　『断片』　菅豊彦訳
(10)「ウィトゲンシュタインの講義　一九三〇―一九三三年」、『美学、心理学および宗教的信念について講義と会話』　藤本隆志訳

『ウィトゲンシュタイン全集』補巻2巻　大修館書店　一九八五

(補1)『心理学の哲学』1　佐藤徹郎訳
(補2)『心理学の哲学』2　野家啓一訳（予定）

『論理哲学論考』——— 法政大学出版局 一九六八
（『論理哲学論考』、坂井秀寿訳、『哲学探究』抄、藤本隆志訳が含まれている）
『論理哲学論』（『世界の名著』58） 山元一郎訳 ——— 中央公論社 一九七一
『反哲学的断章』（本書では『雑想』とした） 丘澤静也訳 ——— 青土社 一九八一

訳されていない著作

B. F. McGuiness (ed.), *Prototractatus* Routledge & Kegan Paul 1971
Wörterbuch für Volksschulen Hölder-Pichler-Tempsky 1926, 1977
Desmond Lee (ed.), *Wittgenstein's Lectures, Cambridge 1930-1932* Basil Blackwell 1980
Alice Ambrose (ed.), *Wittgenstein's Lectures, Cambridge 1932-1935* Basil Blackwell 1979
Cora Diamond (ed.), *Wittgenstein's Lectures on the Foundation of Mathematics, Cambridge 1939* Cornell University Press 1976
G. E. M. Anscombe (ed.), *Remarks on Colour* Basil Blackwell 1977
G. H. von Wright & Heikki Nyman (ed.), *Last Writings on the Philosophy of Psychology* vol. 1 Basil Blackwell 1982

訳されていない書簡集

G. H. von Wright (ed.), *Letters to Russell, Keynes and Moore* Cornell University Press 1974
Paul Engelmann, *Letters from Ludwig Wittgenstein with a memoir* Basil Blackwell 1967
G. H. von Wright (hrsg.), *Ludwig Wittgenstein, Briefe an Ludwig von Ficker* Otto Muller Verlag 1969
G. H. von Wright (ed.), *Letters to C. K. Ogden* Basil Blackwell 1973

ウィトゲンシュタインの解説書・研究書など

ハルトナック『ウィトゲンシュタインと現代哲学』 飛田就一訳 ―― 法律文化社 一九七〇
ノーマン＝マルコム他『回想のヴィトゲンシュタイン』 藤本隆志訳 ―― 法政大学出版局 一九七一
ノーマン＝マルコム『ウィトゲンシュタイン』（講談社現代新書） 板坂元訳 ―― 講談社 一九七三
末木剛博『ウィトゲンシュタイン論理哲学論考の研究』Ⅰ・Ⅱ ―― 公論社 一九七五、一九七七
黒田亘編『ウィトゲンシュタイン』（「世界の思想家」23） ―― 平凡社 一九七八
トゥールミン、ジャニク『ウィトゲンシュタインのウィーン』 藤村龍雄訳 ―― TBSブリタニカ 一九七八
黒崎宏『ウィトゲンシュタインの生涯と哲学』 ―― 勁草書房 一九八〇
ハッカー『洞察と幻想』 米澤克夫訳 ―― 八千代出版 一九八一
ヴフタール、ヒュブナー『ウィトゲンシュタイン入門』 寺中平治訳 ―― 大修館書店 一九八一
藤本隆志『ウィトゲンシュタイン』（「人類の知的遺産」73） ―― 講談社 一九八一
ケニー『ウィトゲンシュタイン』 野本和幸訳 ―― 法政大学出版局 一九八二
奥雅博『ウィトゲンシュタインの夢』 ―― 勁草書房 一九八二
滝浦静雄『ウィトゲンシュタイン』（「20世紀思想家文庫」6） ―― 岩波書店 一九八三
モラウェッツ『ウィトゲンシュタインと知』 菅豊彦訳 ―― 産業図書 一九八三
クリプキ『ウィトゲンシュタインのパラドックス』 黒崎宏訳 ―― 産業図書 一九八三
春日佑芳『ウィトゲンシュタイン――哲学から宗教へ』 ―― ぺりかん社 一九八五

本書で主として引用した、その他の文献

ラッセル『ラッセル自叙伝』I・II・III　日高一輝訳 ——— 理想社　一九六六〜七三

ツヴァイク『昨日の世界』I・II（「ツヴァイク全集」19・20）原田義人訳 — みすず書房　一九七三

K. T. Fann (ed.), *Ludwig Wittgenstein : the Man and his Philosophy* Dell Pub. Co. 1967

Rush Rhees (ed.), *Ludwig Wittgenstein : Personal Recollections* Basil Blackwell 1981

G. H. von Wright, *Wittgenstein* Basil Blackwell 1982

Michael Nedo & Michele Ranchetti (hrsg.), *Wittgenstein* Suhrkamp 1983

さくいん

【人名】

【事　項】

ウィトゲンシュタイン■人と思想76　　定価はカバーに表示

1986年２月25日　第１刷発行©
2014年９月10日　新装版第１刷発行©
2018年２月15日　新装版第２刷発行

・著　者　……………………………岡田《おかだ》　雅勝《まさかつ》
・発行者　……………………………野村久一郎
・印刷所　…………………………広研印刷株式会社
・発行所　………………………株式会社　清水書院

〒102-0072　東京都千代田区飯田橋3-11-6
Tel・03(5213)7151～7
振替口座・00130-3-5283
http://www.shimizushoin.co.jp

検印省略
落丁本・乱丁本は
おとりかえします。

CenturyBooks

Printed in Japan
ISBN978-4-389-42076-5